Bitte richten Sie Ihre Wünsche, Kritiken und Fragen an:

Fachstelle Kinderwelten für Vorurteilsbewusste Bildung und Erziehung
Institut für den Situationsansatz/Internationale Akademie Berlin INA gGmbH
Geschäftsstelle: Muskauer Str. 53, 10997 Berlin
Tel.: 030-6953 9990
Fax: 030-6953 999 29
Internet: www.situationsansatz.de · www.kinderwelten.net

ISBN: 978-3-945810-22-4

Lektorat: Erika Berthold
Gestaltung: Nora Döring
Umschlaggestaltung: Erik Neumann | studio luxabor
Fotos: Volker Döring und Paul Stenzel
Druck und Bindung: Umweltdruck Berlin
Papier: FSC Mix
Printed in Germany

Weitere Informationen finden Sie unter: www.wamiki.de

Sandra Richter, Mahdokht Ansari, Evelyne Höhme, Anke Krause,
Ulla Lindemann, Petra Wagner

Inklusion in der Kitapraxis: Die Lernumgebung vorurteilsbewusst gestalten

Institut für den Situationsansatz/Fachstelle Kinderwelten (Hrsg.)

Gefördert vom

Bundesministerium
für Familie, Senioren, Frauen
und Jugend

Vorwort

Inklusion ist für Bildungseinrichtungen Anspruch und Verpflichtung: Bildungsgerechtigkeit anstreben, kein Kind ausschließen, Teilhabe aller Kinder und Familien sichern – so lauten die Stichworte.

Inklusion als internationale Verpflichtung hat seit der UN-Konvention für die Rechte von Menschen mit Behinderungen von 2006[1] kräftigen Schwung bekommen. Die Konvention spezifiziert grundlegende Rechte aller Menschen auf Teilhabe, Bildung und Nichtdiskriminierung, wie sie bereits in der Allgemeinen Erklärung der Menschenrechte von 1948 niedergelegt sind. Und wie sie in der UN-Kinderrechtskonvention bereits seit 1989 für alle Kinder formuliert sind, z.B. das Recht aller Kinder auf Bildung wie auch das Recht aller Kinder auf Schutz vor Diskriminierung. Eine Weltdeklaration der UNESCO ist schon 1990 mit »Bildung für alle« überschrieben. An rechtlichen Vorgaben und Willenserklärungen mangelt es also nicht. Dennoch alarmieren Ausschlüsse, Stigmatisierungen und Benachteiligungen auf Grund von Herkunft, Geschlecht, Hautfarbe, Alter, sozio-ökonomischem Status, Familienkonstellation, Behinderung, Aufenthaltsstatus, Fluchtgeschichte, Sprache, Religion u. a., die bereits junge Kinder erleben und die sich in Bildungsbenachteiligung zeigen.

Inklusion als Bildungskonzept gegen Exklusion erfordert einerseits, Kindern den Zugang zu Bildungseinrichtungen zu ermöglichen. Aber nicht nur das: Das Bildungsangebot ist so zu gestalten, dass alle Kinder Zugang zu qualitätsvoller Bildung bekommen. Was heißt das?

- Nicht Gleichbehandlung, sondern die Berücksichtigung unterschiedlicher Ausgangsbedingungen, so dass Chancengleichheit möglich ist.
- Nicht nur die Barrieren beseitigen, die Kindern den Zugang zu den Einrichtungen versperren, sondern auch die Barrieren in der Ausstattung, den Abläufen, der Kommunikationskultur u. a., die für manche Kinder innerhalb der Einrichtungen bestehen und die sie am Lernen hindern.
- Nicht Kinder und ihre Familien als »behindert«, »bildungsfern«, »ausländisch«, »auffällig«, »nicht normal« abstempeln. Sondern die stigmatisierenden Unterscheidungen erkennen und abbauen, die sozial und strukturell konstruiert werden.

---

1 In Deutschland seit 2009 in Kraft.

Es handelt sich um weitreichende Veränderungen unseres Bildungssystems, die nur möglich sind, wenn sie langfristig auf die politische Agenda gesetzt und verfolgt werden. Die Veränderungen sind auf allen Ebenen des Bildungssystems nötig, auf struktureller, institutioneller und pädagogisch-fachlicher Ebene. Das Abwälzen von Verantwortung auf die jeweils andere Ebene bringt nicht weiter. Jede_r ist gefordert, im eigenen Verantwortungsbereich dazu beizutragen, dass Inklusion gelingt.

Wie geht Inklusion konkret, in der Praxis von Krippen und Kitas? Hiervon handelt dieser Band, der Teil einer Buchreihe zu vier Handlungsfeldern inklusiver Kitapraxis ist. Die Handlungsfelder sind:

- Lernumgebung,
- Interaktion mit Kindern,
- Zusammenarbeit mit Eltern und
- Zusammenarbeit im Team.

Jeder Band enthält zu einem Handlungsfeld Beispiele aus der Kitapraxis, die pädagogische Fachkräfte im Rahmen des vom Bundesministerium für Familie, Senioren, Frauen und Jugend geförderten Projekts »Inklusion in der Praxis von Krippen und Kitas« (2012–2014) aufgeschrieben oder dem Projektteam berichtet haben. Um die Praxisbeispiele zu ermitteln, wurden Kitas, pädagogische Fachkräfte und Multiplikator_innen kontaktiert, die mit der Fachstelle Kinderwelten arbeiten oder an früheren Projekten beteiligt waren. Sie sind also Ergebnisse einer teilweise langjährigen Kooperation. Für jeden Band gibt es eine hauptverantwortliche Kollegin aus dem Projektteam.[2]

Die Beispiele geben Einblicke in pädagogische Praxis auf der Grundlage des Ansatzes Vorurteilsbewusster Bildung und Erziehung. Dieser Ansatz wurde seit 2000 als Adaption des kalifornischen Anti-Bias Approach[3] in Kinderwelten-Projekten entwickelt und verbreitet. Die bundesweiten Projekte dienten der Fokussierung der theoretischen Dimension »Gleichheit und Differenz« im Situationsansatz und lieferten wertvolle Impulse zu seiner Weiterentwicklung.[4]

Seit geraumer Zeit bezeichnen wir den Ansatz als inklusives Praxiskonzept, denn er teilt das Leitbild und wesentliche Prinzipien von Inklusion. Als inklusives Praxiskonzept hat der Ansatz mittlerweile auch Resonanz in der Aktualisierung von Bildungsprogrammen gefunden.[5]

---

2 Jeweils die Erstgenannte der Autorinnen.
3 nach Louise Derman-Sparks und Kolleg_innen: Derman-Sparks & A.B.C. Task Force 1989; Derman-Sparks/Olsen Edwards 2010
4 Vgl. Preissing/Heller: Qualität im Situationsansatz, 2009
5 Hamburg 2014, Berlin 2015

»Vielfalt respektieren, Ausgrenzung widerstehen« ist das Motto der vorurteilsbewussten Gestaltung von Praxis.[6] Sie besteht in der Berücksichtigung der Verschiedenheit kindlicher Lebenswelten und Lernbiographien und gleichzeitig in klaren Positionierungen gegen Ausschluss und Herabwürdigung von Menschen auf Grund von Merkmalen ihrer Identität.

Vier Ziele sind im Ansatz Vorurteilsbewusster Bildung und Erziehung wesentlich. Sie bauen aufeinander auf und leiten auch die innere Ordnung des vorliegenden Bandes:

Ziel 1: Alle Kinder in ihren Identitäten stärken. Jedes Kind findet Anerkennung und Wertschätzung, als Individuum und als Mitglied einer bestimmten sozialen Gruppe, insbesondere seiner Familie. Dazu gehören Selbstvertrauen und ein Wissen um seinen eigenen Hintergrund.

Ziel 2: Allen Kindern Erfahrungen mit Vielfalt ermöglichen. Auf der Basis einer gestärkten Ich- und Bezugsgruppen-Identität wird Kindern ermöglicht, aktiv und bewusst Erfahrungen mit Menschen zu machen, die anders aussehen und sich anders verhalten als sie selbst, so dass sie sich mit ihnen wohl fühlen und Empathie entwickeln können.

Ziel 3: Kritisches Denken über Gerechtigkeit und Fairness anregen. Das kritische Denken von Kindern über Vorurteile, Einseitigkeiten und Diskriminierung anzuregen heißt auch, mit ihnen eine Sprache zu entwickeln, um sich darüber verständigen zu können, was fair und was unfair ist.

Ziel 4: Das Aktivwerden gegen Unrecht und Diskriminierung unterstützen. Kritisch denkende Kinder werden ermutigt, sich aktiv und gemeinsam mit anderen für Gerechtigkeit einzusetzen und sich gegen einseitige oder diskriminierende Verhaltensweisen zur Wehr zu setzen, die gegen sie selbst oder gegen andere gerichtet sind.

Pädagogische Praxis zu diesen vier Zielen zu beschreiben ist ein langgehegter Wunsch aus unserem Arbeitszusammenhang. Wir wussten, dass Kolleg_innen mit Kindern ab jüngstem Alter viele spannende und eindrückliche Erfahrungen bei der Umsetzung des Ansatzes gemacht haben und machen. Aber pädagogische Praxis ist fließend und flüchtig, wenn sie nicht dokumentiert wird. Wir mussten davon ausgehen, dass viele denkwürdige, zauberhafte, anregende Momente leider nicht festgehalten wurden. Weil die Zeit fehlte, manchmal auch die Einschätzung, welcher Ausschnitt von Praxis es wert ist, beschrieben zu werden.

Das Projekt erlaubte uns nun, Praxisbeispiele systematisch zu sammeln und aufzuberei-

---

6 Ausführlicher in Wagner 2013, 22f.

ten. Ein Fragebogen an pädagogische Fachkräfte, mit denen wir bereits kooperiert haben, brachte ersten Aufschluss über vorhandene Beispiele. Im Laufe des Projekts ergaben sich weitere aus der engen Zusammenarbeit mit fünf Berliner Kitas, deren Fokus die vorurteilsbewusste Praxis mit den jüngsten Kindern war.[7] Im Projektteam wurde eine Auswahl von Praxisbeispielen vorgenommen und mit den betreffenden Kolleg_innen wurden Interviews dazu durchgeführt. Die transkribierten Interviews waren Grundlage für die Texte, die das Projektteam erstellte. Gleichzeitig verschriftlichten einige Kolleg_innen selbst ihre Praxisbeispiele.

Die Praxisbeispiele wurden zunächst den Handlungsfeldern zugeordnet, dann den vier Zielen, danach in Kapitel eingeteilt und in redaktionelle Texte eingebettet. Die Zuordnung der Beispiele zu den Handlungsfeldern war häufig nicht eindeutig, daher gibt es manchmal Querverweise auf Beispiele in den anderen Bänden. **Jedes Kapitel endet mit Reflexionsfragen, die unserem »Qualitätshandbuch für Vorurteilsbewusste Bildung und Erziehung in Kitas«[8] entnommen sind. Die Zahlen entsprechen der dortigen Nummerierung von Qualitätsansprüchen und -kriterien. Sie erleichtern interessierten Teams das Einsetzen des Qualitätshandbuchs für ihre inklusive Praxisentwicklung.**

Die Praxisbeispiele decken weder alle Vielfaltsaspekte ab, noch erheben sie den Anspruch auf Vollständigkeit dessen, was vorurteilsbewusste Praxis sein kann. Sie sind die »Ernte«, die wir zum gegenwärtigen Zeitpunkt eingefahren haben und als Anregung zur Verfügung stellen.

Wir haben Namen von Kindern und Familien in den Praxisbeispielen anonymisiert und auch die von pädagogischen Fachkräften und Einrichtungen, sofern die Kolleg_innen dies wünschten. Wir entschieden uns in den redaktionellen Texten für die Schreibweise mit dem »Gender-Gap«, die Raum lässt für all jene Personen, die sich im dominanten Zweigeschlechtlichkeitsmodell nicht aufgehoben sehen. In wörtlicher Rede haben wir darauf verzichtet und dem Duktus der gesprochenen Sprache Priorität gegeben. Wir sind uns bewusst, dass diese und auch andere Entscheidungen, wie wir Identitätsmerkmale und Sachverhalte in dieser Publikation ansprechen, nicht voll und ganz den Ansprüchen von Inklusion genügen. Sie zeigen unser Bemühen, das unter den vielfach exkludierenden Verhältnissen, die auch unser eigenes Denken durchdringen, notwendigerweise begrenzt bleibt.

---

7 Projektkitas 2012-2014: Kita Brittendorfer Weg/Eigenbetrieb Süd-West, Kita Warthestraße/FIPP e.V.; Kita und Familienzentrum Neue Steinmetzstraße/INA.KINDER.GARTEN; Kita Hoppetosse/Eigenbetrieb Nord-Ost; Kita Wilhelmstraße/Kita im tam – Diakonie Stadtmitte
8 Institut für den Situationsansatz/ Fachstelle Kinderwelten 2016. Zu beziehen über www.situationsansatz.de

Im Prozess der Redaktion und des Lektorats wurden Kürzungen und Veränderungen vorgenommen. Diese schickten wir zur Autorisierung wieder an die Kolleg_innen zurück, deren Rückmeldungen eingearbeitet wurden. Manchmal ging es so einige Male hin und her – es war ein aufwändiger Prozess für alle Beteiligten. Und es war bedauerlich, wenn wir Texte nicht oder nicht in voller Länge übernehmen konnten.

Umso größer ist unser Dank an alle Kolleg_innen, die zu diesen Praxisbüchern beigetragen haben, mit ihren Texten, ihren Schilderungen, ihren Bildern, ihrer Geduld, ihrer Fachlichkeit - und mit ihrem Engagement für eine demokratische und inklusive Kitakultur mit Kindern und Familien. Unser Dank gilt auch den Teams, die hinter den einzelnen Kolleg_innen standen und es ihnen ermöglichten, sich den Texten zu widmen.

Bei der vorurteilsbewussten Praxis geht es nicht um »Gelungenes« in dem Sinne, dass alles glatt und reibungslos verläuft. Es geht auch um Verunsicherung, Zweifel oder Irrtümer, die man aufgedeckt oder erkannt hat. Der Anspruch ist nicht, keine Vorurteile zu haben – das wäre illusorisch. Die Aufgabe ist, sich seiner eigenen Vorurteile bewusst zu werden und ihre Auswirkungen zu erkennen, auf Kinder, Erwachsene, sich selbst. Das hohe Maß an selbstkritischer Reflexion, das pädagogische Fachkräfte mit ihren Beispielen zeigen, ist bemerkenswert.

Für die einmalige Gelegenheit, die Schätze zu heben, um sie nun hier zur Verfügung zu stellen, danken wir dem Bundesministerium für Familie, Senioren, Frauen und Jugend, das mit seiner Förderung dieses Vorhaben ermöglicht hat.

Wir freuen uns über Rückmeldungen und Anregungen,
Ihr Projektteam
Mahdokht Ansari, Evelyne Höhme, Anke Krause, Ulla Lindemann,
Sandra Richter, Petra Wagner

Einführung: Die Lernumgebung vorurteilsbewusst gestalten

Inzwischen ist unumstritten, dass die Lernumgebung große Bedeutung für die Bildungsprozesse von Kindern hat. Meist denken wir dabei an Räume und deren Ausstattung. Räume können Möglichkeiten eröffnen, sich zu betätigen, sie aber auch begrenzen. Und Räume zeigen, ob Erwachsene darin regieren oder ob Kinder sie mitgestalten.

Mehr und mehr Kitas in Deutschland bestechen mit einer Architektur und Innenausstattung, die sich von dem, was bis in die 1990er Jahre in Ost und West für Kindergärten oder Krippen typisch war, deutlich abheben – nämlich von der Orientierung an einer vermeintlich kindgerechten Funktionalität und Ästhetik.

An Empfehlungen für die Gestaltung der Lernumgebung in Kitas mangelt es nicht: Zahlreiche Publikationen geben Anregungen, in den letzten Jahren vor allem für Räume für Kinder bis zum dritten Lebensjahr.[9] Räume sollen den unterschiedlichen Bedürfnissen der Kinder gerecht werden, ihren Bedürfnissen nach Ruhe und Aktivität, nach Gemeinschaft und Alleinsein, nach Exploration und Ritualen, nach Nahrung, Schlaf, Körperpflege, Bewegung.

Fotos von Kitaräumen zeigen, dass dem bereits Rechnung getragen wird: mit Farben, Licht und Einbauten wie Höhlen, Schlafkojen, Leitern und Podesten, mit speziellen Sitzmöbeln, mit einer Fülle von Materialien in Ateliers und Experimentierecken, mit behaglichen Wickelplätzen und Sanitärräumen, die zu Wasser-Spielen einladen, mit Kinderrestaurants, Schlaflandschaften[10] und – bei Neubauten – mit einer »Architektur für Kinder«[11]. Kitas werden als Orte beschrieben, deren Raum- und Ausstattungskonzepte vielfältige Lernerfahrungen ermöglichen. Mittlerweile scheint Konsens darüber zu bestehen, dass die Wirkung von Räumen bedacht werden muss: »Gleich, was man mit ihnen tut: Räume wirken – stumm, aber nachhaltig!«[12]

Dass sich die Vorstellungen über Kinder-Räume »als materialisierter Ausdruck des jeweili-

9 Bodenburg 2012; von der Beek 2006; Haug-Schnabel/Wehrmann 2012
10 von der Beek 2006; Schönrade 2012
11 Hetkamp. In: Haug-Schnabel/Wehrmann 2012, 119f.
12 Höhn/Kercher 2009, 40

gen historischen Verständnisses von einer anregenden und entwicklungsfördernden kindlichen Lernumgebung[13] ändern, bezweifelt niemand mehr. Genderspezifische Raumnutzung[14] findet ebenso Beachtung wie die Forderung, die »kulturelle« Vielfalt der Bedürfnisse von Kindern und Familien[15] bei der Raumgestaltung zu berücksichtigen. Im Zusammenhang mit Inklusion wird das Thema »Lernumgebung« vor allem unter dem Gesichtspunkt des Abbaus baulicher Barrieren diskutiert, insbesondere für Kinder im Rollstuhl und mit der Argumentation, dass bauliche Veränderungen die Voraussetzung für ein Nachdenken über Konzepte inklusiver Bildung und Erziehung seien.

In diesem Buch wenden wir uns Aspekten der Gestaltung von Lernumgebungen für Kinder zu, die in bisherigen Veröffentlichungen zu wenig oder gar nicht beachtet wurden:
- die Bedeutung der Lernumgebung für die Identitätsentwicklung junger Kinder;
- Einseitigkeiten und Normierungen, die sich Kindern über Räume und Raumausstattung vermitteln;
- Machtungleichheiten und Dominanzverhältnisse, die sich in Räumen und Materialien manifestieren;
- Barrieren als Zugangshürden zu Bildungsgelegenheiten, die weniger baulicher Natur sind, sondern der institutionellen Kultur der Einrichtung entstammen;
- ein erweitertes Verständnis des Begriffs Lernumgebung, das sich nicht auf die sachlich-materielle Umwelt beschränkt, sondern auch die personale Umwelt einbezieht: Wer erfüllt wo welche Aufgaben?
- Praxisbeispiele diversitätsbewusster und diskriminierungskritischer Gestaltung der Lernumgebung.

---

13 Wilk/Jasmund 2015, 79
14 Wilk/Jasmund 2015, 102
15 Wilk/Jasmund 2015, 165

15

Lernumgebung und Selbstbild

Identitätsentwicklung ist der Prozess, in dem Kinder ihr Selbstbild konstruieren. Er beginnt mit der Geburt. Doch die Entwicklung der Ich-Identität eines Kindes kann nicht von seiner Bezugsgruppen-Identität getrennt werden, also von seinen Identifikationen mit sozialen Gruppen, deren Mitglied es ist. Die primäre Bezugsgruppe eines Kindes ist seine Familie. Später kommen weitere Bezugsgruppen hinzu, selbstgewählte und auch solche, die dem Kind von anderen Menschen zugeschrieben werden.

Jeder Mensch gehört mehreren Bezugsgruppen gleichzeitig an. Diese Zugehörigkeiten sind unterschiedlich bedeutsam für die Identität des Menschen, verstanden als Wahrnehmung seiner unverwechselbaren Besonderheit und seiner Verbundenheit mit anderen Menschen. Bereits sehr früh integrieren Kinder Botschaften über die Bewertung von Gruppen und damit über gesellschaftliche Machtverhältnisse in ihr Selbstbild.

In frühpädagogischen Diskursen geht man häufig davon aus, dass junge Kinder noch keine Vorurteile entwickelt hätten und Kindertageseinrichtungen Orte des vorurteilslosen Miteinanders wären. Dem entspricht die Idee, vorurteilsfreie Verständigung würde sich automatisch ergeben, wenn unterschiedliche Kinder zusammenkommen. Erfahrungen und Untersuchungen belegen jedoch, dass das nicht so ist: »Wir wollten glauben, dass kleine Kinder farbenblind sind, dass sie Unterschiede nicht wahrnehmen. Was wir wirklich glaubten oder hofften: Wenn wir Kinder daran hindern könnten, Unterschiede wahrzunehmen, dann würden sie keine Vorurteile entwickeln. Aber das ist unmöglich in einer Gesellschaft, in der rassistische und andere Vorurteile im Alltag von Kindern allgegenwärtig sind.«[16]

Kinder handeln und lernen von Geburt an in ihrer alltäglichen Welt. Anfangs ist das die Familie. Mit dem Eintritt in die Kindertageseinrichtung kommen andere Kinder und die pädagogischen Fachkräfte hinzu. Sie und die Räume der Einrichtung vergrößern den sozialen und materiellen Handlungsraum, in dem Kinder ihre Erfahrungen machen, ihr Bild von sich und von anderen Menschen erweitern. Die Lernumgebung wirkt dabei wie ein Spiegel: Sie zeigt dem Kind, welche Bedeutung es an diesem Ort hat – erkennbar daran, ob und wie seine Familie und seine Familienkultur darin vorkommen. Da junge Kinder eng mit ihren Familien verbunden sind, signalisiert ihnen dies, ob sie in der Kita erwünscht und

---

16 Derman-Sparks 1998, 2

willkommen sind. Kommen ihre Familienkulturen nicht vor oder vermittelt die Lernumgebung, diese Kulturen seien nicht akzeptabel oder nicht wertvoll, haben es Kinder schwer, Zugehörigkeit und Verbundenheit aufzubauen. Unsichtbarkeit verwehrt Anerkennung und grenzt aus: Man ist nicht »da« und also auch nicht wichtig.

Sind Kinder in der Lernumgebung sichtbar, empfinden sie das als Bestätigung der Tatsache, dass sie »da« sind und als Teil des Ganzen wahrgenommen werden.[17] Dass Kinder hierfür sensibel sind, belegen Äußerungen, mit denen sie Gegenstände und Menschen in der Lernumgebung kommentieren:

Ich war da

»Ich war heute im Kindergarten«, erzählt ein vierjähriges Mädchen strahlend seiner Mutter. Die Mutter bestätigt dies. Natürlich, sie hatte ihre Tochter am Morgen ja selbst zum Kindergarten gebracht. Aber das Mädchen meinte etwas anderes: Die Erzieherin hatte im Kindergarten ein Buch vorgelesen, und in dem Buch gab es ein Kind, das genau so aussah wie das Mädchen.[18]

Du bist wie ich

Daniel ist Praktikant und neu in der Kita. Ben, drei Jahre alt, nähert sich ihm langsam und sichtlich fasziniert, stellt sich vor Daniel und schaut ihn unablässig an. Dann zeigt er auf Daniel und sagt: »Aber, aber...« Schließlich stellt er fest: »Du bist wie ich.« Daniel und Ben haben beide eine dunkle Hautfarbe.

Kinder entnehmen ihrer Lernumgebung Botschaften über sich und über andere Menschen. Die Unsichtbarkeit ihrer Merkmale und Familienkulturen kann die Identitätsentwicklung betroffener Kinder beschädigen. Allen anderen Kindern vermittelt sie eine verzerrte und einseitige Botschaft darüber, welche Menschen wichtig sind und welche nicht. »Was Kinder in ihrer Lernumgebung nicht sehen, ist für sie genauso aufschlussreich wie das, was sie sehen.«[19]

---

17 Wir sprechen häufig von Sichtbarkeit/Unsichtbarkeit, womit wir dem Seh-Sinn eine große Bedeutung einräumen. Damit schließen wir Nicht-Sehende aus. Diesen Hinweis entnehmen wir der Arbeit von Schmude/Picch (2014), für den wir dankbar sind. Im Bemühen um inklusive Formulierungen müssen wir eingestehen, dass sie es häufig nicht sind.
18 Geschildert von einer Mutter
19 Derman-Sparks/Olsen Edwards 2010, 43

Der Beginn der Anti-Bias-Arbeit

Louise Derman-Sparks berichtete, dass die Kritik an Kinderbüchern ein Motor für die Anti Bias Education war. Eltern und Erzieher_innen in Washington DC ärgerten sich Anfang der 1980er Jahre über einseitige und stereotype Kinderliteratur: In den meisten Büchern dominierten weiße Kinder, heterosexuelle Paare, angelsächsische Vornamen, Mittelschichtsfamilien und banale Geschichten. Viele Kinder fanden darin keine Figuren, mit denen sie sich identifizieren konnten. Die idealisierten Bücher-Lebenswelten bewirkten, dass den meisten Kindern ihre eigenen Lebenswelten als defizitär erschienen. Reale Ungerechtigkeiten wurden in den Geschichten nicht thematisiert. Demzufolge erhielten die Kinder keine Hinweise, wie sie sich dagegen zur Wehr setzen könnten.

Die Einflüsse dieser Kinderbücher und anderer Medien auf die kindlichen Selbst- und Weltbilder waren offensichtlich. Deshalb entwickelten die Beteiligten erste Ideen über eine Pädagogik gegen Einseitigkeiten und Diskriminierung. Ziel war es, Kinder und Erwachsene zu ermutigen, ihr Selbstbewusstsein zu stärken und sie handlungsfähig gegen Unrecht zu machen. 1989 erschien das »Anti Bias Curriculum« – das erste Konzept für die Antidiskriminierungs-Arbeit mit Kindern ab zwei Jahren.[20]

Für Kinder ist die Lernumgebung nicht nur eine Realität, die sie als etwas Fertiges vorfinden. Sie trägt auch die Handschrift von Autoritäten – in der Kita die der pädagogischen Fachkräfte. Sie sind es, die Räume gestalten und Materialien zur Verfügung stellen oder auswählen. Damit drücken sie aus, was sie richtig oder wichtig finden.

Die Lernumgebung ist also ein Orientierungssystem, in dem die pädagogischen Fachkräfte als Bezugspersonen den Kindern ihre Werte direkt und indirekt vermitteln: Was in der Einrichtung widergespiegelt wird, gilt für die Kinder als maßgebend und enthält Botschaften darüber, was richtig oder falsch, anerkannt oder abgelehnt, »normal« oder »unnormal«, wichtig oder unwichtig ist.

»Was du Kindern an Spielsachen, Materialien und Ausstattung zur Verfügung stellst, welche Poster, Bilder und Kunstwerke du aufhängst, welche Möbel du wählst und wie du sie im Raum anordnest, all das beeinflusst das Lernen der Kinder. Eine vorurteilsbewusste Lernumgebung lädt zum Forschen und Entdecken ein, unterstützt das Spiel und die Gespräche der Kinder, sowohl bei angeleiteten wie auch bei selbstgewählten Aktivitäten. Sie gibt Kindern deutliche Hinweise, welche Menschen und welche Themen den Fachkräften wichtig und welche unwichtig sind.«[21]

Wertschätzende Widerspiegelung

Im Sinne Vorurteilsbewusster Bildung und Erziehung haben pädagogische Fachkräfte die Aufgabe, die Lernumgebung so zu gestalten, dass sie Kindern eine positive Resonanz auf sich, ihre Familien und Familienkulturen gibt.[22] Werden sie und ihre Familien auf wertschätzende Weise widergespiegelt, bestärkt sie das, sich zu mögen, ohne sich anderen Kindern überlegen oder unterlegen zu fühlen.

Folgende Reflexionsfragen können hilfreich sein:

---

20 Derman-Sparks u. a. 1989
21 Ebd. 43
22 Ziel 1 der Vorurteilsbewussten Bildung und Erziehung

Reflexionsfragen

Versetzen Sie sich nacheinander in die Kinder, die Sie betreuen. Betrachten Sie die einzelnen Räume Ihrer Einrichtung, beginnend im Eingangsbereich, und fragen Sie sich:

- Fühle ich mich hier wohl? Erinnert mich dieser Raum an mein Zuhause und meine Familie, so dass ich mich hier zugehörig, sicher und gut umsorgt fühlen kann?
- Begegnen mir beim Material und in der Raumausstattung Kinder und Erwachsene, die aussehen wie ich?
- Spiegeln sich meine Familienstruktur, mein Alltag und meine familiäre Umgebung in den Materialien wider?
- Ist meine Familiensprache sicht- und hörbar?
- Gibt es Materialien, die es mir ermöglichen, eine Geschichte nachzuspielen, die in meinem Zuhause oder meinem Umfeld passiert ist?
- Gibt es Material zum künstlerischen Gestalten in meiner Hautfarbe?
- Taucht in Büchern oder anderen Medien jemand auf, der die gleiche Behinderung hat wie ich?
- Gibt es Bücher, deren Hauptcharaktere so ähnlich leben wie ich?
- Kann ich die Räume und Materialien selbstständig erreichen?
- Höre ich Musik, die ich auch zu Hause höre?
- Gibt es Mahlzeiten, die auch zu Hause gegessen werden?
- Gibt es in der Einrichtung pädagogische Fachkräfte und andere Personen, die so aussehen wie meine Eltern?

Den Reflexionsfragen kann man auch bei einer Spurensuche nachgehen:

Spurensuche

Die pädagogischen Fachkräfte überprüfen die Räume der Einrichtung im Hinblick auf die Widerspiegelung von Vielfalt. Überall suchen sie nach Spuren von Kindern, fotografieren oder notieren sie. Folgende Fragen können dabei hilfreich sein:

- Welche Spuren von Kindern gibt es?
- Wo sind sie zu finden?
- Welche oder wessen Spuren dominieren?
- Welche oder wessen Spuren fehlen?

Die Ergebnisse werden gemeinsam reflektiert. Dabei hilft das Sortieren nach »Spuren von Kindern«, »dominanten Spuren« und »fehlenden Spuren«. Es wird deutlich, an welchen Stellen Kinder sichtbar oder nicht sichtbar sind, welche Darstellungen fehlen und welche dominieren. Auf dieser Basis kann die Lernumgebung verändert werden. (Nach einer Idee von Stefani Boldaz-Hahn 2009)

Umgang mit Unterschieden

Die wertschätzende Widerspiegelung in der Lernumgebung bestärkt Kinder in ihrer personalen und sozialen Identität: Jedes Kind wird mit seinen äußeren Merkmalen, seiner Familie, seinen Vorlieben, Gewohnheiten und Tätigkeiten dargestellt. Voraussetzung dafür: Die Besonderheiten jedes Kindes müssen wahrgenommen werden, wozu es eines geschärften Blicks bedarf. Geschieht dies nicht, besteht die Gefahr, dass Unterschiede ignoriert werden und demzufolge in der Lernumgebung nicht auftauchen.[23]

Bei der Darstellung der Besonderheiten eines Kindes ist es wichtig, von einem Aspekt auszugehen, zu dessen Darstellung alle Kinder der Gruppe etwas beitragen können. Andernfalls besteht die Gefahr, einem Kind durch das Hervorheben eines seiner Merkmale einen besonderen Platz zuzuweisen[24]: Es erhält einen Sonderstatus, denn kein anderes Kind der Gruppe teilt dieses Merkmal. Da Kinder in der Regel dazugehören und nicht in eine Sonder- oder Außenseiterrolle gedrängt werden wollen, empfinden sie das als unangenehme Trennung von den anderen Kindern und als eine Art Vorführung. Das ist auch der Fall, wenn Kinder nicht als Individuen angesprochen werden, sondern eine Gruppe repräsentieren sollen: Mali, ein Mädchen mit dunkler Hautfarbe, wird unterstellt, dass sie gern Süßkartoffeln isst, weil es die in Afrika gibt, und Yunus soll zum Toben rausgehen, weil alle Jungen nach dem Wochenende unter Bewegungsmangel leiden.

Das Ignorieren von Unterschieden ist ebenso problematisch wie ihre Überbetonung, weil es Kindern Kompetenzerwerb im Umgang mit Verschiedenheit vorenthält und die dominante Kultur sich folglich durchsetzt: »Notwendig ist eine materielle Lernumgebung, die inklusiv ist: Sie spiegelt die Kinder und Familien ganz genau wider. Das umfasst die ästhetische Erscheinung der Kita, die Bilder und Botschaften in den Materialien, die Sprachen, die Ausstattung und Möblierung, die Organisation von Raum und Zeit, das Essen und auch die Musik. Die kulturellen und sichtbaren Unterschiede zu ignorieren oder zu verleugnen führt immer zur Schaffung einer kulturell einseitigen Umgebung, die üblicherweise Werte der in einer Gesellschaft dominanten Kultur vertritt. Daher ist dies keine Lösung. Es ist auch keine Lösung, einzelne Teile der Familienkulturen punktuell aufzugreifen. Wir nennen dies den ‚touristischen Ansatz‘, weil er bestimmte Familienkulturen anders als die gesellschaftlich dominante Kultur behandelt und ihnen nur gelegentlich einen Besuch abstattet, sie aber nicht wirklich in das alltägliche Leben der Bildungseinrichtung einbindet. Die über allem stehende Botschaft bleibt: Die dominante Kultur ist die normale und richtige.«[25]

Das Allgemeine und das Besondere

Die Gefahr, Kindern einen Sonderstatus zuzuweisen oder in die »Tourismus-Falle« zu tappen, lässt sich vermeiden, indem man das Allgemeine hinter dem Besonderen eines Kindes ausfindig macht und dem Besonderen bei der Darstellung des Allgemeinen seinen Platz einräumt:

- Statt »Mareike hat ein Hörgerät«: Wir hören mit den Ohren. Da kommen Töne rein, laute und leise. Sind sie zu laut, halten wir uns die Ohren zu. Sind sie zu leise, halten wir eine Hand hinters Ohr, damit die Töne besser reinkommen. Manche Ohren sind empfindlich und manche lassen die Töne nicht gut durch. Da hilft ein Hörgerät, wie Mareike eins hat. Es macht die Töne lauter.
- Statt »Lin kann mit Stäbchen essen«: Um uns zu ernähren, müssen wir das Essen in den Mund kriegen. Wie kann man das machen? Auf der ganzen Welt haben die Menschen unterschiedliche Möglichkeiten gefunden: mit den Händen; aus dem Teller trinken, wenn das Essen flüssig wie Suppe ist; mit Besteck wie Gabeln oder Löffel, mit Stäbchen. Wie macht ihr es? Und wie am liebsten?[26]

Stellt man das Besondere als eine Variante des Allgemeinen dar, entsteht Vielfalt als eine Palette von Möglichkeiten, die Kinder anregt, Gemeinsamkeiten und Unterschiede zu entdecken. Die Auseinandersetzung mit Verschiedenheit, um mit unterschiedlichen Menschen und soziokulturellen Gepflogenheiten vertraut zu werden[27], braucht Anknüpfungspunkte aus der je eigenen Erfahrungswelt der Kinder. Gibt es diese Punkte nicht, wird das Andere als exotisch, merkwürdig oder unnormal empfunden.

---

23 Siehe: Falle 1: Unterschiede leugnen, Kapitel 9, S.154
24 Siehe: Falle 3: Unterschiede überbetonen, Kapitel 9, S.157
25 Derman-Sparks 2014,6
26 Bei beiden Beispielen könnte auch etwas Anderes das Allgemeine sein, zum Beispiel:«Jedes Kind hat etwas Besonderes. Was ist besonders an dir?« oder »Jedes Kind kann etwas besonders gut. Was kannst du besonders gut?«
27 Ziel 2 der Vorurteilsbewussten Bildung und Erziehung

Bereits im ersten Lebensjahr nehmen Kinder Unterschiede wahr und interessieren sich dafür. Wenn sie zu sprechen beginnen, zeigen ihre Fragen und Kommentare, dass sie die wesentlichen Merkmale von Menschen verschiedener Gruppen und deren gesellschaftliche Bewertung wahrnehmen. Sie brauchen sachlich korrekte Informationen und respektvolle Worte für diese Unterschiede. Und sie brauchen eine Lernumgebung, in der Unterschiede berücksichtigt werden, zum Beispiel indem man den Kindern verschiedene Schlafmöglichkeiten anbietet.

Gespräche mit Eltern geben Aufschluss über die häuslichen Schlafgewohnheiten der Kinder, an denen sich die Gestaltung der Schlafräume in der Kita orientieren kann: Betten oder Matratzen, die auf dem Boden liegen und allein genutzt oder zum gemeinsamen Ausruhen zusammengeschoben werden können, Hängematten, Körbe... Gibt es jüngere Kinder, die bisher besonders gut am Körper eines Erwachsenen oder im Kinderwagen an der frischen Luft geschlafen haben, kann das in die Überlegungen einbezogen werden: Können wir die Kinder zum Schlafen in ihre Kinderwagen legen? Haben wir die Möglichkeit, sie im Tragetuch schlafen zu lassen? Welche Kompromisse können wir – mit den Eltern – entwickeln?

Hängematten

Kreativität ist gefragt, manchmal auch im Umgang mit Vorschriften:
»In einer Krippe, die von Kindern neu eingewanderter Eltern aus Südost-Asien besucht wird, haben die Erzieherinnen die Schlafsituation verändert: Die Kinder waren es gewohnt, in Hängematten zu schlafen. Für die Betriebserlaubnis war jedoch vorgeschrieben, dass jedes Kind ein eigenes Gitterbett hat. In diesen Betten konnten die Kinder aber nicht schlafen. Kurzerhand hängten die Erzieherinnen die Hängematten quer über die Kinderbettchen. In den Hängematten schliefen die Babys vorzüglich – und die Betriebserlaubnis war gerettet.«[28]

28 Derman-Sparks 2014, 9

Vielfalt – über die eigene Gruppe hinaus

Neben der in der Gruppe existierenden Vielfalt sollten auch Aspekte sozio-kultureller Vielfalt, die über die Gruppe hinausgehen, sichtbar werden.[29] Kinder erweitern ihr Weltwissen und ihre Erfahrungsräume, indem sie weitere körperliche Merkmale, Familienformen und -kulturen, Sprachen und Schriften, religiöse Alltagspraktiken, Feste, Rituale, Ernährungsgewohnheiten, Wohnverhältnisse, Tätigkeiten Erwachsener und Bekleidungsformen kennen lernen.

Louise Derman-Sparks warnt in diesem Zusammenhang vor »tokenism«, der Pseudovielfalt[30], die entsteht, wenn es nur eine Abbildung mit einer Person im Rollstuhl gibt, nur eine Puppe mit dunkler Hautfarbe, nur ein Buch, in dem Frauen in sogenannten Männerberufen zu sehen sind – sozusagen als Ausnahmen, die vom »Normalen« abweichen und die Vorstellung von Norm und Abweichung zementieren oder stellvertretend für eine große Gruppe stehen und dadurch Verallgemeinerungen oder Stereotypisierungen und Generalisierungen verstärken. Gebraucht werden also mehrfache und unterschiedliche Darstellungen von Menschen mit den gleichen Merkmalen.

Als positives Beispiel sei das Buch »Gott, Allah, Buddha«[31] angeführt, das jeweils mehrere Menschen zeigt, die jüdischen, muslimischen oder christlichen Glaubens sind. So erfahren Kinder, dass Angehörige religiöser Gruppen nicht überall gleich gekleidet sind, sondern dass es auch innerhalb dieser erhebliche Unterschiede gibt.

Einseitigkeiten aufspüren

Eine vorurteilsbewusste Lernumgebung zu gestalten, das ist ein fortlaufender Prozess, in dem pädagogische Fachkräfte immer wieder genau hinsehen und überprüfen müssen, ob die vorhandenen Materialien und Aktivitäten dem entsprechen, was jedes einzelne Kind braucht, um sich sicher und zugehörig zu fühlen. Als Autoritäten im Erziehungsgeschehen haben sie die Aufgabe, diskriminierende oder stereotype Darstellungen von Menschen auszusortieren. Sie können die Kinder daran beteiligen, die Lernumgebung kritisch zu überprüfen, denn das Sichten von Materialien schärft den kindlichen Realitäts- und Gerechtig-

---

29 Ziel 2 Vorurteilsbewusster Bildung und Erziehung
30 Falle 3: Pseudovielfalt, Kapitel 9, S. 156
31 Damon 2002

keitssinn und regt zu kritischem Denken an.[32] Wachsende kognitive Fähigkeiten erlauben es insbesondere älteren Kita-Kindern, Bilder und Verhaltensweisen, die Menschen stereotypisieren oder diskriminieren, als unfair oder unwahr zu erkennen. Alles kann dabei unter die Lupe genommen werden: Arbeitsbögen, Lieder, Reime, Fingerspiele, Verkleidungen, Bücher, Poster, Spiele, Spielfiguren…

Kinder und Eltern können sich daran beteiligen, die Lernumgebung nicht-stereotyp auszustatten. Um ihre tatsächlichen Lebensrealitäten zu spiegeln und stereotype Darstellungen

---

32 Ziel 3 Vorurteilsbewusster Bildung und Erziehung

zu vermeiden, können sie individualisiertes Material selbst herstellen, zum Beispiel: Puzzles, Poster, Memory-Spiele, Bücher oder Puppen. Dies belegt gelebte Vielfalt, ohne Kinder und Familien zu stigmatisieren oder auszugrenzen. Darüber hinaus entscheiden die Kinder und Eltern selbst über die Angemessenheit der Darstellungen ihrer sozialen Gruppen.

Die Gestaltung der Lernumgebung ist konkret. Sie zu verändern ist unmittelbar mit einem Ergebnis verbunden. Sind Kinder daran beteiligt, erleben sie sich als handlungsfähig und selbstwirksam – insbesondere, wenn sie sich mit anderen Menschen dafür eingesetzt haben, eine Sache gerechter und besser zu machen.[33]

Die nachfolgenden Praxisbeispiele sollen einladen, sich von den Erfahrungen der pädagogischen Fachkräfte anregen zu lassen, sich mit den Kindern, den Familien und dem Team auf den Weg zu einer vorurteilsbewussten Gestaltung der Lernumgebung zu begeben oder die eigene vorurteilsbewusste Praxis zu reflektieren und zu erweitern.

---

33 Ziel 4 Vorurteilsbewusster Bildung und Erziehung

1. Das bin ich – Das Kind in der Lernumgebung

Jedes einzelne Kind und seine Identitätsmerkmale sichtbar zu machen, das ist ein erster Schritt, um Kinder in der Entwicklung ihrer Ich-Identität zu stärken und es ihnen zu ermöglichen, ein positives Selbstbild aufzubauen. Dabei sind die äußeren Merkmale von großer Bedeutung: Zum einen machen junge Kinder ihre Lernerfahrungen mit ihrem ganzen Körper, er ist das zentrale Medium ihrer Weltaneignung. Zum anderen sind körperliche Merkmale ein wichtiger Aspekt von Identität im Sinne individueller Unverwechselbarkeit, auf die Kinder von Geburt an Rückmeldungen aus ihrer Umgebung erhalten. Positive wie negative Rückmeldungen sind mit gesellschaftlichen Normalitätsvorstellungen und Schönheitsidealen verknüpft:

- »Du hast so schöne lange, blonde Haare!«
- »Oh, deine kleinen Locken sind bestimmt furchtbar schwer zu kämmen. Da möchte ich nicht tauschen!«
- »In diesem Kleid siehst du aus wie ein richtiges Mädchen.«
- »So etwas zieht ein Junge aber nicht an!«

Solche Botschaften erhalten Kinder überall. Werden sie nicht kritisch reflektiert, können sie in den Alltag der Erziehungs- und Bildungseinrichtungen einfließen, so dass gesellschaftlich dominierende Vorstellungen über Menschen, die mit deren äußeren Merkmalen verbunden werden, vorherrschen. In einer solchen Umgebung werden die Kinder bestärkt, deren äußere Merkmale den dominanten Vorstellungen entsprechen. Kinder mit davon abweichenden Merkmalen erfahren, dass sie nicht«richtig« oder nicht«normal« sind. Die Kita kann ein Ort sein, an dem einseitige Botschaften korrigiert werden und jedes Kind erlebt, dass es so, wie es ist, gut und ebenso wertvoll wie alle anderen Kinder der Gruppe ist. Dies ist möglich, wenn Kinder sich mit ihren äußeren Merkmalen in der Lernumgebung wiederfinden, weil sie dort abgebildet sind und weil andere Menschen mit den gleichen äußeren Merkmalen dort vorkommen. Das gilt für jedes einzelne Kind, seine äußeren Merkmale, seinen Namen, seine Sprachen, seine Familienkultur, seine Interessen und Fähigkeiten, seine Weltsicht. Zur Darstellung eignen sich alle äußeren Merkmale: die Augen, das Haar, die Ohren, die Nase, die Hautfarbe, der Mund, die Hände, die Füße, die Körpergröße, der Körperumfang.

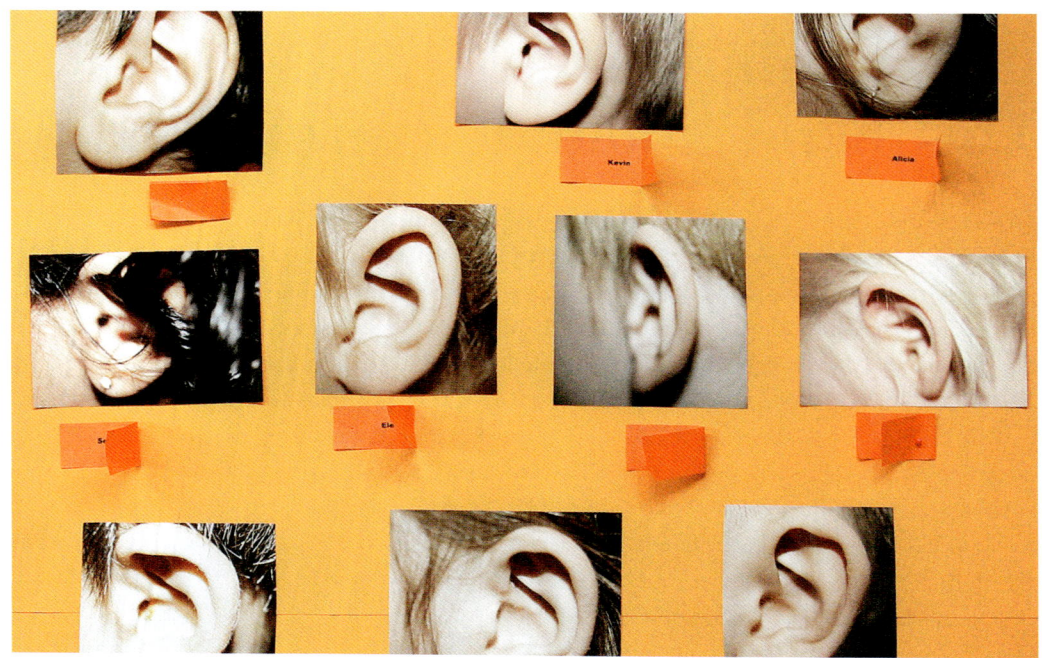

Mein Bauchnabel

Was für eine interessante Ausstellung im Eingangsbereich der Kita! Jedes Kind hatte seinen Bauchnabel fotografiert und ihn genau studiert. Die sind ganz schön unterschiedlich, stellten die Kinder fest: Manche sind groß, manche klein, manche haben Hübbelchen, in einem ist sogar ein Fussel. Der Clou ist aber die Gemeinsamkeit, die die Kinder entdeckten: Bei jedem Kind begann hier die Nabelschnur und versorgte es mit Nahrung, als es noch im Bauch seiner Mutter war. Später fertigten die Kinder eine eindrucksvolle Zeichnung an, auf der man das genau erkennen kann.

Wie sehe ich aus?

In einer Kita hängt neben dem Gruppenraum ein großes Plakat, das eine Tabelle zeigt: In der Spalte links stehen die Namen aller Kinder und daneben Informationen, die sie zu der Frage »Wie sehe ich aus?« zusammengetragen haben. Die Spalten unterscheiden nach Alter, Geschlecht, Körpergröße, Körperumfang, Hautfarbe, Haarfarbe, Haarstruktur und Augenfarbe. Kleine Zeichnungen oder Symbole ergänzen die Informationen. Vor dem Plakat findet ein reger Austausch über die Ergebnisse statt: »Ich bin älter als du, aber kleiner.« // »Wir haben die gleichen Augen.« // »Unsere Haare sind gleich lang, aber ich habe Locken.« // Das Plakat ermöglicht es den Kindern, sich als Teil der Gruppe zu sehen und sich – ausgehend von Gemeinsamkeiten – über Unterschiede auszutauschen.

Für solche und ähnliche Darstellungen wird Platz gebraucht. Folgende Möglichkeiten könnten genutzt werden: Wände, Fenster, Garderoben und Eigentumsfächer. Folgende Medien eignen sich: selbstgemachte Poster oder Bücher, Mobilés, Filme, Tonaufnahmen. Hinzu kommen Materialien und Anregungen, die nicht stereotyp sind und es ermöglichen, dass Kinder ihre Merkmale sachlich korrekt und wertschätzend darstellen. So entsteht eine Lernumgebung, die für und mit den Kindern und ihren Familien gestaltet wird und in der sichtbar ist, wer tagtäglich in der Kita lebt.

Hautfarben

Die Hautfarben von Kindern werden in Büchern hauptsächlich in Hellrosa dargestellt. Durch die stereotype Art der Darstellung erhalten Kinder falsche Sachinformationen, die sich auf ihre Wahrnehmungen auswirken. Deshalb ist es kein Wunder, dass Kinder mit heller und dunkler Hautfarbe ihre Haut oft im gleichen Hellrosa malen. Das Angebot an Stiften befördert das auch noch: Buntstiftpackungen haben häufig nur einen Hautton – hellrosa. Das vermittelt Kindern, diese Farbe sei die »normale« und »richtige« Hautfarbe. Statt solcher einseitigen Normierungen brauchen Kinder Sachwissen darüber, dass es verschiedene Hautfarben gibt, die bei Menschen von Geburt an unterschiedlich sind. Hautfarbenstifte[34] bieten verschiedene Farbtöne, mit denen jedes Kind seine Hautfarbe darstellen kann.

---

34 Packungen mit zwölf Hautfarben-Stiften werden in Deutschland von der Firma Lyra produziert und sind im Handel erhältlich. Die Verpackung der Stifte ist trotz der bisher erreichten Veränderungen noch immer mit stereotypen Bildern versehen.

Antje Kächele und Karin Bauer: Selbstporträts

Die kritische Reflexion der Nutzung von Räumen und Flächen kann Teams helfen, neue Möglichkeiten für die Widerspiegelung der Kinder in der Lernumgebung zu erkennen. Werden Tierbilder zur Kennzeichnung für Fächer oder Utensilien der Kinder verwendet, besteht die Gefahr der Etikettierung: Aus Magda wird eine kleine Maus, aus Malik ein zappliger Affe. Um das zu vermeiden und Flächen für die wertschätzende Widerspiegelung der Kinder zu nutzen, können solche Symbole durch Fotos der Kinder und ihre Namen ersetzt werden.

Zuweisungen

Eine Erzieherin berichtet: »Nach einer Fortbildung besprachen wir das Thema ‚Symbole‘ mit den Kindern und erzählten ihnen, dass wir in Zukunft Fotos verwenden möchten. Einige Kinder fanden das schade. Andere Kinder äußerten erstmals, dass sie ihre Symbole nicht mochten. So sagte ein Kind: ‚Ich wollte noch nie der Bär sein.‘ Ein anderes Kind, dessen Symbol das Wildschwein war, erzählte, dass die Schweinegeräusche, die andere Kinder manchmal machten, es ärgerten. Wir waren erschrocken, dass die Kinder nicht mit uns darüber gesprochen hatten. Sie hatten die Symbole als gegeben und unveränderbar hingenommen. Zu hören, wie tief diese Zuweisungen wirkten, machte uns betroffen und bestärkte uns, sie durch Fotos der Kinder zu ersetzen.«

Fotos oder Porträts dienen im Rahmen der Vorurteilsbewussten Bildung und Erziehung nicht allein der Kennzeichnung oder Orientierung, sondern vor allem dem Sichtbar-Sein und der Gewissheit: Das bin ich. Sie zeigen die Kinder als Menschen mit jeweils bestimmten Merkmalen, also in ihrer Unverwechselbarkeit. Wer die Kita betritt, kann erkennen, welche Kinder sich hier aufhalten. Den Kindern vermitteln die Fotos Zugehörigkeit zu diesem Ort, den Menschen und den Vorgängen. Erkennen sie sich auf den Fotos, freuen sie sich und sind fasziniert von sich selbst.[35] Nach und nach verbinden sie ihre Selbstwahrnehmung mit der Vorstellung, wie sie von anderen Menschen gesehen werden. Sie entwickeln ihr Ich-Bewusstsein, wenn sie Resonanz aus ihrer Umgebung erhalten.

---

35 Kinder erkennen sich im Alter von 18 bis 24 Monaten im Spiegel – abhängig von ihrem soziokulturellem Kontext. Vgl. Keller 2011, 454

TIM
AYGÜL
ER IST 7
JAHRE

DAS IST SEIN
BRUDER ER HEIßT EMRE 10
ER IS

SEIN GEBURTSTAG
IST AM 6. JUNI

DIE MAMA KOMMT AUS ALBANIEN
DER PAPA KOMMT AUS

ADEM

DER TÜRK

ADRIANA

LOTTE IST SEINE FREUNDIN

ER ISST GERNE WASSERMELONE

HIER WOHNT E

R SPIELT GERNE MIT PISTOLEN

ER HAT EINEN HUND

Im evangelischen Kinder- und Familienzentrum Martinskirche in Stuttgart arbeiten die Kolleg_innen mit Kinder-Selbstportraits. Antje Kächele und Karin Bauer bestätigen deren positive Wirkung:

»Die im Rahmen der Arbeit zu Ziel 1 entwickelten Selbstportraits der Kinder bieten jedem einzelnen Kind die Möglichkeit, sich vorzustellen. Zu zeigen, wer es ist, wie es aussieht, wer seine Freunde sind, wer zu seiner Familie gehört, wo es wohnt, was es mag, was es nicht mag und vieles mehr. Die Kinder zeichnen Bilder und kleben sie auf und erzählen uns, was wir auf ihr Selbstportrait schreiben sollen. Dann werden die Portraits laminiert und bekommen ihren Platz in den Räumen. Die Kinder fühlen sich sichtbar wohler, wenn sie sich in der Lernumgebung wiederfinden können. Sie sprechen mit uns oder anderen Kindern über ihre Portraits, tauschen sich über Gemeinsamkeiten und Unterschiede aus und zeigen sie stolz ihren Eltern: Schau mal, da bin ich!«

Die Kinder sollen auf den Fotos gut getroffen sein, ihre Selbstporträts sollen gut erkennbar sein. Da die Fotos in erster Linie der Selbstwahrnehmung und Exploration dienen, müssen sie so angebracht werden, dass die Kinder sie gut sehen können. Jedes Kind muss dargestellt sein. Fehlt ein Kind, kann das bedeuten: Es ist nicht wichtig und gehört nicht dazu. Die Flächen, die den Kindern jeweils zur Verfügung stehen, sollten gleich groß sein, um zu zeigen: Alle Kinder sind gleich wichtig.

Ulla Lindemann: Ich-Bilder

Im Gespräch mit Ulla Lindemann berichtet die Erzieherin einer Krippengruppe, wie Porträtfotos von den Kindern aufgenommen wurden und was das im Team bewirkte:

Wir hatten begriffen, wie wichtig es ist, dass sich schon die Jüngsten im Gruppenraum auf Fotos wiederfinden. Davon konnten wir die Eltern überzeugen und hatten bald von allen Kindern Porträtfotos. Wir brachten sie über dem Sofa an – nicht zu hoch, damit die Kinder sie gut sehen konnten, und waren zufrieden. Allerdings fanden wir kurz darauf ein Foto in der Bauecke und in den Tagen danach immer mehr Fotos an verschiedenen Stellen im Gruppenraum. Wir beobachteten, dass die Kinder ihre Fotos von der Wand pflückten. Also hängten wir die Bilder höher, aber die Kinder versuchten nach wie vor, an ihre Fotos heranzukommen, und waren enttäuscht, wenn sie es nicht schafften. Das gab uns zu denken: »Wenn es den Kindern so wichtig ist, ihre Fotos in den Händen zu halten, sollten wir ihnen

das ermöglichen.« Also klebten wir die Fotos auf Pappe, laminierten sie und stellten sie auf das niedrige Fensterbrett. Das fanden die Kinder viel besser. Mittlerweile sind zu den Porträts weitere Fotos hinzugekommen: Bilder von der Familie, von Freunden und von Aktivitäten in der Kita. Als sich genug angesammelt hatten, machten wir mit Wollfäden kleine Bücher daraus. Die Kinder lieben ihre Fotobücher, tragen sie mit sich herum, sehen sie sich an, nehmen sie zum Schlafen mit. Gut, dass wir von den Kindern gelernt haben.

Dagmar Guthmann und Ulla Lindemann: Das fehlende Bild

Dagmar Guthmann, Leiterin der Kita«Regenbogen» in Jena, erzählt im Gespräch mit Ulla Lindemann, wie ein Kind sein Bild einforderte:

Im Bad hat jedes Kind hat ein Foto von sich am Handtuchhaken. In der Garderobe und an den Eigentumsschubladen gibt es diese Bilder auch. Nur Karl, ein zweieinhalbjähriger Junge, der noch nicht lange bei uns im Kindergarten ist, hatte kein Bild im Bad, weil wir noch nicht alle Fotos entwickelt hatten. Eines Tages waren die Kinder aus Karls Gruppe mit Kleber und Papierstreifen zugange, gestalteten Bilder oder malten. Karl gesellte sich dazu und malte auch. Nach einiger Zeit stand er auf und lief mit einem Klebestift in Richtung Bad. Ich ging ihm hinterher und bat ihn, mir den Kleber zurückzubringen. Doch er lief unbeirrt weiter, bis zu seinem Handtuchhaken. Dort drückte er etwas Klebestoff auf eine Fliese und klebte sein bemaltes Stückchen Papier an. Er sagte: »Ich will auch ein Bild. Darum hab ich mich gemalt.« Damit war die Angelegenheit für ihn erledigt. Später dachten wir im Team immer mal an diese Situation, hatte sie uns doch bestätigt, wie wichtig es den Kindern ist, sich in der Kita wiederzufinden. Wenn mal ein Foto fehlt, weil es abgefallen und verschwunden ist oder weil Familienbilder gerade aktualisiert werden, versuchen wir, es rasch wieder anzubringen. Inzwischen haben wir mehrere Kameras angeschafft, es gibt einen festen Etat für Fotos und eine Kollegin, die für die Bilder zuständig ist und sie für alle Gruppen bestellt.

! Ich – und was mich ausmacht

Ich-Bücher, Ich-Briefe oder -Bögen gehen über die Darstellung der äußeren Merkmale hinaus, umfassen die Familien, Freunde, Interessen und weitere Identitätsaspekte. Sie verdeutlichen jedem einzelnen Kind: Wir sehen dich – mit allem, was zu deinem äußeren Erscheinungsbild gehört. Du bist uns willkommen. Die Ich-Bücher enthalten Fotos der Kinder, aber auch Bilder der Menschen und Dinge, die ihnen bedeutsam sind: das Zuhause, die Eltern und Großeltern, die Nachbarin mit ihrer Katze, der Lieblingsplatz in der Wohnung oder das Kuscheltier. Sie machen die Kinder mit dem, was ihnen wichtig ist und zu ihnen gehört, in der Kita sichtbar und lassen sie spüren, dass sie ein Teil der Einrichtung sind – mit allem, was sie mitbringen. Darüber hinaus bieten sie eine Vielzahl von Gesprächsanlässen und unterstützen die Kinder während der Eingewöhnung: Ihre Bezugspersonen werden«in die Kita geholt«. Dadurch bauen Ich-Bücher Brücken zu den Elternhäusern und erleichtern den Kindern den Übergang. Auch später können Fotos ihnen Trost spenden, wenn sie Kummer haben.

Gabriele Koné: Ich-Bücher

In der Berliner Kita Brittendorfer Weg arbeitet das Team bereits im Krippenbereich mit Ich-Büchern. Gabriele Koné, Mitarbeiterin der Fachstelle Kinderwelten, berichtet:

In dieser Kita hat jedes Kind ein Ich-Buch. Die Bücher stecken in offenen, transparenten Taschen, die so an der Wand befestigt sind, dass die Kinder sie erreichen können. Auf der Vorderseite jedes Buchs klebt ein Foto des Kindes, dem es gehört, und der Name ist zu lesen. Dadurch sind die Bücher leicht zu finden.

In der Vorbereitung auf die Eingewöhnungsphase fertigen die Eltern diese Bücher an, blättern später mit ihren Kindern darin und erleben, wie viel Freude das den Kindern macht.

Patricia Klatt: Ich-Bögen

Die Erzieherin Patrica Klatt aus der Berliner Kita«Hoppetosse« entwarf nach der Eingewöhnungsphase Ich-Bögen, um die Kinder und einige ihrer Identitätsmerkmale darzustellen. Sie berichtet:

Die Eingewöhnungsphase war abgeschlossen. Diesen Schritt wollte ich für alle sichtbar dokumentieren. Ich machte von jedem Kind ein Foto, ließ die Bilder in A4-Größe entwickeln und entwarf dazu einen Ich-Bogen. Darauf schrieb ich die Namen der Kinder – in großer Schrift und in verschiedenen Farben. Außerdem notierte ich die Bedeutung der Namen und die Rufnamen der Kinder, ihre Geburtsdaten und jeweils zwei bis drei individuelle Angaben, zum Beispiel, was sie in der Kita bisher mögen oder beim Schlafen gern bei sich haben.

Die Fotos und die Ich-Bögen laminierte ich, brachte sie außen an der Tür des Gruppenraums an und versah sie mit der Überschrift »Patricias Kinder sind gut in der Nestgruppe angekommen«. Kurze Zeit später standen die ersten Eltern davor und lasen die Bögen ihrer Kinder, waren aber auch an den Bögen der anderen Kinder interessiert. Die Kinder freuten sich, dass sie sich wiederfanden, und sagten ihren Eltern, wie die anderen Kinder heißen. Ich habe vor, die Ich-Bögen zu erweitern und hinzuzufügen, was die Eltern über ihre Kinder erzählen, was sie zu Hause gern spielen oder was sie am Wochenende machen. Später können auch die Kinder mehr von sich verraten: Was ist ihre Lieblingsfarbe? Wer sind ihre Kita-Freunde? Welche Bücher mögen sie? Welche Musik hören sie gern?

Maria Schütt: Ich-Briefe

Das folgende Beispiel stammt aus der Berliner Kita Augustenburger Platz von INA.KIN-DER.GARTEN. Die Erzieherin Maria Schütt berichtet, wie Ich-Briefe den Kindern beim Übergang von der Krippe in die große Altersmischung halfen:

Im Erdgeschoss unserer Krippe werden Kinder von acht Wochen bis zu drei Jahren betreut. Jedes Jahr findet im Sommer der Etagenwechsel statt. Wegen Personalwechsels konnten wir in diesem Jahr aber erst spät entscheiden, wer die neuen Bezugserzieher_innen für die Krippenkinder werden. Dadurch hatten die Kolleginnen und Kollegen aus den oberen Etagen kaum Zeit, die Kinder vor der Umgewöhnung kennenzulernen und wussten wenig über sie. Deshalb kamen wir auf die Idee, Ich-Briefe der Kinder anzufertigen, die die Etage wechseln. Damit wollten wir die Erzieherinnen und Erzieher, Eltern und Kinder aus den neuen Etagen über die Kinder informieren, die zu ihnen kommen und den wechselnden Kindern helfen, sich am neuen Ort schnell zugehörig zu fühlen.

Gemeinsam mit den Kindern füllten wir die Ich-Briefe aus und brachten sie an den Pinnwänden der jeweiligen Etagen an. »Guck mal, da ist mein Foto!« rief immer mal wieder ein Kind. Oder: »Siehst du, Alina, ich bin jetzt in der Mitte!« Die Kinder aus der oberen Etage und ihre Eltern gewannen erste Eindrücke von den Mädchen und Jungen, die jetzt neu dazugehören.

Künftig möchten wir die Ich-Briefe als festen Bestandteil des Umzugs im Haus etablieren. Zum Ausfüllen der Bögen mit Kindern, die sich in ihrer Erstsprache leichter äußern als auf Deutsch, würden wir Personen einladen, die die Erstsprachen der Kinder sprechen. Auch Bildmaterial könnte den Kindern das Antworten erleichtern.

Bislang geben die Ich-Briefe folgende Auskünfte:

● Ich heiße… ● So alt bin ich… ● Im Juli gehe ich in diese Etage… ● Ich spiele gern…
● Ich esse gern… ● Zum Schlafen brauche ich… ● Meine Freunde sind…

Als Erweiterung wäre möglich, die Fragen stärker auf Merkmale und Themen der Kinder zu beziehen, die für ihre Identität wichtig sind, zum Beispiel:

● So sehe ich aus... ● Das kann ich gut... ● Das fällt mir schwer...

Neben dem Aussehen gehört eine Vielzahl weiterer Aspekte zur Identität jedes Kindes. Dazu zählen der Name, das Alter und der Geburtstag, das Geschlecht, die Sprachen, die es spricht, Interessen, Vorlieben, Fähigkeiten und auch Dinge, die es nicht mag. Erleben Kinder, dass sie mit allem, was sie sind und mitbringen, anerkannt und wertgeschätzt werden, ermöglicht ihnen das, aktiv zu werden und sich einzubringen.

Wohlgemerkt: Es geht nicht um die Darstellung von Besonderheiten einzelner Kinder, sondern um die Umsetzung des Prinzips »Über Gemeinsamkeiten zu Unterschieden«, das das respektvolle Thematisieren von Vielfalt ermöglicht.

Ilka Wagner und Ulla Lindemann: Das bin ich!

Das folgende Beispiel aus der Berliner Europa-Kita des VAK e. V. in der Reichenberger Straße zeigt, wie vielschichtig die Auseinandersetzung mit Identitätsmerkmalen sein kann. Im Flur der Vier- bis Fünfjährigen fallen individuell und lebendig gestaltete Plakate auf – die Ergebnisse des Projekts »Das bin ich. Das bist du. Das sind wir«. Die Erzieherin Ilka Wagner berichtet:

Um das Projekt zu dokumentieren, hatten wir diese Form gewählt: ein großes Plakat für jedes Kind, auf dem man sofort sieht: »Das bin ich!« In der Mitte das Foto vom Kind, umrahmt von dem, was zu diesem Kind gehört. Nach und nach füllten sich die Plakate. Manche Kinder mussten noch etwas ankleben weil der Platz nicht reichte. Alle Plakate nebeneinander vermittelten einen starken Eindruck von der Kindergruppe: »Das sind wir!« Oft standen Kinder davor, betrachten die Plakate oder unterhielten sich mit anderen Jungen und Mädchen darüber. Auch die Eltern waren sehr beeindruckt.

Auf den Plakaten wurden mehrere Themen miteinander verknüpft: Es ging um das gegenseitige Kennenlernen der Kinder, um ihre Familien und Sprachen. Dazu konnte jedes Kind etwas sagen, Gemeinsamkeiten und Unterschiede herausfinden:

● Was kann ich gut, was du? ● Was mag ich gern in der Kita und zu Hause, was du?

● Wo wohne ich, wo du? ● Wer gehört zu meiner Familie, wer zu deiner?

In unserer Kita spielen die Sprachen der Kinder und Familien eine große Rolle. Darum wurden die Plakate mehrsprachig gestaltet – je nachdem, wie die Kinder sich ausdrücken wollten und konnten. Fotos, Zeichnungen und Worte der Kinder in deutscher und türkischer Sprache belegten, was sie wichtig fanden, was sie festhalten und zeigen wollten, wie zum Beispiel: »Hier schläft meine abla[36], und hier schlafe ich.«

Belinay hatte ihre Familie gemalt und gesagt, wer dazu gehört. Das schrieb ich in türkischer Sprache so auf, wie Belinay es gesagt hatte. Das Foto vor ihrer Haustür gab Auskunft darüber, wo sie wohnt. Mit einer Zeichnung gab sie Einblick in ihr Zimmer und benannte Gegenstände, zum Beispiel das Doppelstockbett, in dem sie mit ihrer Schwester schläft. Sie sagte, dass sie am liebsten mit Autos spielt, und erinnerte sich an ein Buch, in dem eine Familie Kuchen bäckt und «iyiki doğdun« (»Happy Birthday«) singt. Auf dem Plakat war Belinay auch im Badeanzug und mit Schwimmflügeln zu sehen. Sie sagte: »Ich kann gut schwimmen.«

Aysenur hatte Zeichnungen und Fotos auf das Plakat geklebt, die zeigen, was sie gut kann: malen, schwimmen, Kuchen backen, ein Haus aus Legosteinen bauen. Sie wusste auch über ihren Körper Bescheid, über Adern, Blut und das Herz. Und ihre Freundin sagte, dass Aysenur gut schreiben kann. In einem langen Bericht, den ich auf Türkisch geschrieben hatte und der auf dem Plakat zu lesen war, erzählte Aysenur von sich: Wer bin ich? Wie war ich als Baby? Was kann ich besonders gut? Wie habe ich das gelernt? Von wem habe ich das gelernt? Man merkte, dass sie versteht, wie sie sich entwickelt, und dass ihr beim Lernen wichtig ist, sich angenommen zu fühlen. Aysenur erzählte: »Als Baby habe ich immer geschlafen und bin auf meinem Papa herumgeklettert. Mit meiner Mama habe ich Kuchen gebacken. Dabei habe ich das gelernt. Meine große Schwester hat ein Lego-Haus gebaut. Da habe ich auch eins gebaut und das gelernt. Schwimmen habe ich selbst gelernt. Gerade lerne ich zu Hause schreiben. Meine Mama zeigt mir das.«

Auf den Plakaten wird sichtbar, wie viel die Kinder können. Es gab zwar ein gemeinsames Thema, aber jedes Kind brachte sich mit dem ein, was es weiß, erfahren hat und womit es sich beschäftigen möchte. Deswegen sind die Plakate so unterschiedlich geworden. Wer sie betrachtet, dem wird bewusst: Jedes äußere Merkmal, jeder Familienhintergrund, jede Sprache, jeder Weg dieser Kinder verdient Respekt. Die Orientierung auf Respekt zieht sich durch das ganze Projekt, ist überhaupt ein Dreh- und Angelpunkt unserer Arbeit, und wir reagieren, wenn sich jemand respektlos verhält – sei es ein Kind oder ein erwachsener Mensch.

---

36 Türkisch für »große Schwester«

Alissa Görich und Carla Agel: Namenskarten in der Krippe

Namen zählen zu den Identitätsaspekten von Menschen, und der Umgang mit ihnen prägt oft das ganze Leben. Alissa Görich und Carla Agel, Erzieherinnen und Kindheitspädagoginnen in der Berliner Krippe Augustenburger Platz von INA.KINDER.GARTEN, berichten von dem Vorhaben, mehr über die Namen der Kinder zu erfahren und sie in der Einrichtung präsent zu machen:

Während einer Teamfortbildung lernten wir die Übung »Mein Name«[37] kennen, beschäftigten uns mit unseren Namensgeschichten und den Erfahrungen, die wir damit gemacht hatten: falsch ausgesprochene Namen, Ausgrenzung, unbeliebte Spitznamen und deren Auswirkungen.

Um mehr über die Namen der Kinder zu erfahren, schrieben wir einen Elternbrief, in dem wir das Vorhaben und unsere Beweggründe erläuterten. Wir überreichten Namenskarten und baten die Eltern, die Geschichte der Namen ihrer Kinder auf diese Karten zu schreiben. Dazu stellten wir folgende Fragen: Wie heißt Ihr Kind? Was bedeutet der Name? Wer hat ihm den Namen gegeben? Wie sind Sie darauf gekommen, das Kind so zu nennen? Gibt es etwas, das Sie Ihrem Kind mit dem Namen mitgeben wollen?

Damit auch jüngere Kinder ihre Karten erkennen können, sollten die Eltern Fotos ihrer Kinder aufkleben. Wir freuten uns, als die Namenskarten ausgefüllt zurückkamen. Beim Aufhängen an der Dokumentationswand schauten die Kinder gespannt zu. Einige ließen sich ihre Namensgeschichten immer wieder vorlesen. Andere konnten ihre Geschichte schon selbst erzählen und taten dies voller Stolz. Immer wieder stehen Kinder vor den Karten, schauen die Bilder an, erkennen sich auf den Fotos, zeigen auf andere Bilder und nennen die Namen der Kinder. Neue Karten werden sofort entdeckt und bestaunt.

Künftig möchten wir die Namensgeschichten nicht nur in deutscher Sprache, sondern auch in den jeweiligen Familiensprachen der Kinder auf den Karten festhalten, um sie in der Krippe sichtbar zu machen und allen Eltern zu ermöglichen, in ihren Sprachen vorzulesen. Durch die Namenskarten erfuhren wir mehr über die Familien und ihre Geschichten, über die Bedeutungen der Namen und die Beweggründe für die Namensgebung. Die Namen wurden mit Leben gefüllt, und wir gehen bewusster mit ihnen um.

---

37 Übung zur Reflexion des eigenen Namens und seiner Bedeutung. In: Wagner u. a. 2006

Viele Eltern sagten uns, dass sie sich über unser Interesse und unsere Bemühungen freuen. Eine Mutter regte an, auch unsere Namen und deren Geschichten auf solche Karten zu schreiben, denn schließlich sind wir ein Teil der Gemeinschaft. Diese Idee greifen wir gern auf. Nicht zuletzt ermöglichte uns die Aktion mit den Karten, unseren Umgang mit Namen zu reflektieren:

- Habe ich Vorurteile bei bestimmten Namen?[38]
- Kann ich alle Namen der Kinder richtig aussprechen?
- Habe ich mich bei den Eltern nach der Aussprache erkundigt?
- Was bedeuten die Namen?
- Nenne ich manche Kinder bei ihren Spitznamen – und wenn ja, warum?

---

38 Untersuchungen belegen, dass es Vorurteile gegenüber bestimmten Namen gibt. Vgl. IDW 2009

Eva Kleymann und Anke Krause:
Geschichten-über-mich-Bücher

In einem Bremer Familienzentrum gehören Geschichten-Bücher der Kinder, die zwischen Kita und Familie wandern, zur pädagogischen Praxis. Sie tragen dazu bei, die Identität der Kinder zu stärken, weil das, was ihnen wichtig ist, in den Büchern festgehalten wird. Die Erzieherin Eva Kleymann berichtet Anke Krause, wie die Bücher entstanden und wie sie von den Kindern genutzt werden:

Wir hatten gebundene Bücher im Format A5 und in unterschiedlichen Farben gekauft, für jedes Kind eins. Beim Elternabend stellten wir die Bücher vor und baten die Eltern, für ihre Kinder die Frage »Warum ist mein Kind so einzigartig?« zu beantworten. Die Antworten lasen wir oder die Eltern den Kindern vor. Danach übergaben wir den Kindern die Bücher und sagten ihnen, dass sie alles, was für sie wichtig ist, hineinschreiben oder -malen können und selbst bestimmen, wer auch etwas in ihre Bücher schreiben oder malen darf. Sie können die Bücher mit nach Hause nehmen, um mit ihren Eltern darin zu lesen oder aufzuschreiben, was zu Hause passiert ist.

Die Kinder lieben ihre Bücher. Sie sind frei zugänglich, und jedes Kind kann sein Buch leicht finden, denn auf den Büchern sind die Bilder und Namen der Kinder zu sehen, so dass sie sich die Buchstaben schnell merken. Manche Kinder nehmen die Bücher überall mit hin. Claire zum Beispiel trägt ihr Buch an dem Gummi, der es umspannt, wie eine Handtasche mit sich herum. Immer wieder guckt sie hinein und sagt: »Bin ich.« Andere Kinder blättern die Bücher immer wieder durch und bitten: »Liest du mir die Geschichte noch mal vor?« Oder sie fragen jemanden von uns: »Schreibst du mir mal eine Geschichte auf?« Dann fragen wir: »Was soll ich denn aufschreiben? Ich hab gesehen, dass du das und das gemacht hast. Soll ich das aufschreiben oder hast du eine andere Idee?«

Nicht alle Eltern sind geübt darin, etwas aufzuschreiben. Wer sich schwertut, den bitten wir, das Buch mit nach Hause zu nehmen und zu überlegen, was in der letzten Zeit für das Kind bedeutsam war, und das kurz zu notieren. Wir erklären, wie wichtig die Bücher für die Kinder geworden sind und wie es sie stärkt, wenn die Eltern ihnen etwas Schönes hineinschreiben. Beschäftigen sie sich mit den Büchern, erfahren die Eltern viel über ihre Kinder: was sie in der Kita gerade interessant finden oder wer die anderen Kinder sind, die ein Bild gemalt oder etwas aufgeschrieben haben. Machen sich Eltern aus irgendeinem Grund Sorgen um ihre Kinder, schauen wir – mit Erlaubnis der Kinder – in die Bücher und zeigen den Eltern, was gut klappt, was ihren Kindern Spaß macht und was sie vielleicht zusammen machen könnten. Wichtig ist uns, dass nur Positives in den Büchern steht, denn gute Geschichten stärken. Wenn die Kinder zur Schule kommen, nehmen sie die Bücher mit. Ich glaube, sie werden sie immer in Ehren halten.

Sebastians Buch

Sebastian kommt bald in die Schule und möchte in seinem Buch festhalten, was er alles kann. Seine Großeltern hatten ihm einen wunderschönen Brief in das Buch geschrieben. Den sollen wir immer wieder vorlesen. Uns bittet er, aufzuschreiben, welche Erlebnisse wir mit ihm hatten.

Anfangs wusste Sebastian morgens manchmal nicht so recht, was er machen könnte. Irgendwann entdeckte er das Atelier. Dort baut und bastelt er. Häufig sind Kinder begeistert von dem, was er sich ausdenkt. Heute zeigte uns ein Kind auf dem Erzählpodest[39] Sebastians selbstgebautes Fernrohr.

Ihm ist es wichtig, alles in seinem Buch festzuhalten, auch mit Fotos, denn was im Buch steht, erinnert ihn daran, was er gemacht hat und kann. Wir glauben, das Buch hat ihm geholfen, sich selbst zu regulieren.

---

39 In dieser Kita gibt es im Eingangsbereich ein Erzählpodest, auf das Kinder steigen, die den anderen etwas über sich oder das erzählen möchten, was sie gerade beschäftigt.

Sonja Wolfrum: Diese Puppe ist mein Freund

Im folgenden Beispiel beschreibt Sonja Wolfrum, Erzieherin in der Berliner Kita des Interkulturellen Familienzentrums TAM, was passierte, als das Team Puppen mit dunkler Hautfarbe und Bücher anschafft, in denen Schwarze[40] Kinder vorkommen:

Wir gingen auf Spurensuche durch unsere Einrichtung – und zwar auf Knien, um die Räume aus Kinderperspektive wahrzunehmen und zu erkennen, was sie den Kindern mitteilen. Danach nahmen wir ein Plakat wieder ab, auf dem Schwarze Kinder stereotyp in traditionellen Gewändern beim Reiskochen abgebildet waren. Wir machten die schmerzliche Erfahrung, dass »gut gemeint« nicht immer auch gut ist.

Es ist unser Anliegen, allen Kindern in ihrer Lernumgebung Möglichkeiten zur Identifikation zu bieten, auch in Bezug auf ihre Hautfarbe. Stereotype Darstellungen wie auf dem erwähnten Plakat führen jedoch dazu, dass Schwarze Kinder als »exotisch« dargestellt und beandert[41] werden. Wir erkannten, dass es sinnvoller ist, mit Fotos von unseren Kindern zu arbeiten und sie in den Räumen sichtbar zu machen. Dadurch wird deutlich, dass jedes Kind bei uns seinen Platz hat, und genau so, wie es ist, wertgeschätzt wird.

Bei der kritischen Auseinandersetzung mit den vorhandenen Büchern fragten wir uns: Wer ist darin zu sehen? Wer nicht? Welche Kinder können sich wiederfinden, und welchen Kindern wird diese wichtige Unterstützung bei der Identitätsentwicklung verwehrt? Was teilen wir den Kindern auf diese Weise mit? Die Bilder in den Büchern sprechen für sich: So sagte ein zweijähriger Junge beim Betrachten eines Bilderbuches, dass er gar nicht im Buch zu finden sei. Alle Menschen haben eine helle Hautfarbe, aber seine sei nicht dabei. Wir schafften neue Bücher an, die verschiedene Vielfaltsaspekte thematisieren sowie Menschen mit unterschiedlichen Hautfarben zeigen. Beim Betrachten freuten sich die Kinder: »Da bin ja ich!« Einige Zeit später sammelte ich alle vorhandenen Puppen ein und legte sie im Morgenkreis in der Mitte aus. Ich sprach mit den Kindern darüber, welche Gemeinsamkeiten die Puppen haben: Alle haben zwei Arme, zwei Beine, zwei Augen, zwei Ohren und helle Hautfarbe. Sie unterscheiden sich nur in den Haarfarben und der Bekleidung. Anschließend

---

40 Durch die Großschreibung des Begriffes »Schwarz« wird in rassismuskritischen Diskursen verdeutlicht, dass es sich um ein Konstrukt handelt, das eine politische Kategorie mit der gesellschaftspolitischen Zugehörigkeit verknüpft. Im Gegensatz zu »weiß« ist »Schwarz« eine politische Selbstbezeichnung, die aus einer Widerstandssituation entstand und als eine Alternativbezeichnung zu rassistischen Begriffen eingeführt wurde.

41 Die Begriffe »beandern« oder auch »besondern« leitet sich vom englischen »othering« ab und beschreiben den Vorgang der Herausstellung einer Person aufgrund eines Merkmals, das sie von der Gruppe der Mehrheit unterscheidet. Vgl. Falle 3: Unterschiede überbetonen, Kapitel 9, S.157

erzählte ich den Kindern, dass unsere Puppen Freunde bekommen haben, holte sechs neue Puppen mit unterschiedlichen Hautfarben und legte sie zu den anderen. Ich sagte den Kindern, dass auch diese Puppen zwei Beine, zwei Arme, zwei Augen und zwei Ohren haben, aber die Hautfarben sowie Haarfarben und -strukturen unterscheiden sich von denen der anderen Puppen. Tom, ein Schwarzes Kind, sprang vor Freude auf, lachte, nahm sich eine der neuen Puppen und rief: »Das ist mein Freund!« Auch andere Kinder griffen zu den neuen Puppen, untersuchten sie, bewegten Arme und Beine, setzen sie auf den Schoß oder wiegten sie in den Armen.

Ulla Lindemann: Die Puppe sieht aus wie ich

Das folgende Beispiel zeigt, wie es gelingen kann, das Materialangebot an der tatsächlich existierenden Vielfalt zu orientieren und die Kinder an diesem Prozess zu beteiligen. Ulla Lindemann, die das Team der Berliner Kita Brüsseler Straße im Rahmen eines zweijährigen Kinderwelten-Projekts begleitete, berichtet:

Als das Team darüber sprach, welche äußeren Merkmale jedes einzelne der Kinder hat, stellte sich heraus, dass vor allem die Hautfarbe und Körperstatur als Teil der Identität nicht ausreichend beachtet wurde. Danach verglichen einige Erzieherinnen die Puppen in der Kita mit den Merkmalen der Kinder und stellten fest:

- Wir haben nur Puppen mit heller Hautfarbe. Kinder mit dunkler Hautfarbe können sich damit nicht identifizieren. Auch Puppen mit hellbrauner Hautfarbe, mandelförmigen Augen und glattem schwarzen Haar fehlen.
- Wir haben zwar ein paar Jungen- und Mädchenpuppen, aber nicht in jeder Gruppe.
- Eine selbstgemachte Puppe hat gar kein Geschlecht.
- Die gekaufte Puppenkleidung sieht nicht so aus wie die Kleidung unserer Kinder.

Nach dieser Bestandsaufnahme wurden Puppen unterschiedlicher Hautfarbe, Augenform, Haarfarbe und -struktur besorgt. Die Kleidung nähte eine Frau aus dem benachbarten Seniorenheim. Jede Gruppe bekam Mädchen- und Jungenpuppen. Als ich die Puppe mit den mandelförmigen Augen mitbrachte, rief ein Mädchen freudig: »Die Puppe sieht ja aus wie ich! Sie hat auch so glatte schwarze Haare.« Ob sie wertgeschätzt werden und dazugehören, erkennen Kinder daran, dass ihre äußeren Merkmale, ihre Namen, Interessen, Kompetenzen und Meinungen ebenso wie ihre Familien in der Kita auf positive Weise dargestellt werden.

Reflexionsfragen

- Belegen Fotos, dass jedes Kind in der Kita bildlich repräsentiert ist? (1.1.1.)
- Achten wir darauf, dass der Name jedes Kindes richtig geschrieben und richtig ausgesprochen wird? Ist jeder Name in der Kita sichtbar? (1.1.3.)
- Achten wir darauf, dass sich jedes Kind mit seinen Interessen, Fähigkeiten und Vorlieben in der Kita wiedererkennen kann? (1.1.4.)
- Werden die individuellen äußeren Merkmale der Kinder – Körpergröße, Geschlecht, Haarfarbe und Haarstruktur, Hautfarbe, Augenfarbe und Augenform, körperliche Besonderheiten oder Beeinträchtigungen – zum Beispiel in Ich-Büchern, auf Ich-Bildern und Fotos dargestellt? (1.1.5.)
- Stehen den Kindern Puppen und Spielfiguren zur Verfügung, die ihre äußeren Merkmale widerspiegeln? (1.3.1)

2. Das ist meine Familie – Den Familien Raum in der Kita geben

Die erste und wichtigste Bezugsgruppe von Kindern ist ihre Familie. Kommen die Kinder in die Krippe oder Kita, sind sie täglich eine Zeitlang von ihren Familien getrennt und erleben einen neuen Ort mit unbekannten Menschen, Räumen und Regeln. Dieser Ort sagt ihnen nicht nur etwas über sie, sondern auch über ihre Familien. Wird ihnen gespiegelt, dass die Erfahrungen, die sie von zu Hause mitbringen, geschätzt werden, wird ihnen und ihren Familien Interesse entgegengebracht, erfahren sie dies als Bestätigung: Wir gehören zu unseren Familien, und wir gehören hierher. Beides ist richtig und gut so. Eltern und anderen Bezugspersonen wiederum fällt es leichter, die Kinder beruhigt in der Einrichtung zu lassen, wenn sie anerkannt werden und Vertrautes finden. »Wenn Familien im Kindergarten nichts von sich, von ihren Kindern erkennen können, dann glauben sie kaum, dass ihre Kinder hier fair behandelt werden.« [42]

Worin unterscheiden sich Familien? Zum einen, in welchen Konstellationen sie zusammenleben: Wer gehört dazu? Zum anderen nach ihren kulturellen Wertesystemen: Was kennzeichnet ihre Familienkultur? Hierzu gehören ihre jeweiligen Normen und Wertvorstellungen, ihre Traditionen, ihr religiöser Glaube, ihre Familiensprachen, ihre Speisegewohnheiten…

Familienkonstellationen

Der Begriff Familie steht für das in unterschiedlichen Konstellationen organisierte Zusammenleben von Erwachsenen und Kindern. Drei von vier Kindern in Deutschland leben bei ihren leiblichen Eltern, 20 Prozent leben in Einelternfamilien und 10 Prozent bei »Stiefeltern«[43]. Dazu gehören auch Kinder, die bei den Großeltern oder anderen Verwandten, in Adoptiv- und Pflegefamilien oder in Kinderheimen leben. Die Familienkonstellationen variieren beträchtlich: nach Anzahl der Familienmitglieder, Anwesenheit, Alter, sexueller Identität, Staatsangehörigkeit, Religion und Sprachen.

---

42 Regeena Booze im Film »How good it is to be you!« In: Fachstelle Kinderwelten 1998, 4
43 Vgl. Statistisches Bundesamt 2015

Familienkultur

Der Begriff Familienkultur steht für das jeweils einzigartige Mosaik aus Gewohnheiten, Deutungsmustern, Traditionen und Perspektiven einer Familie, in das ihre Erfahrungen mit Herkunft, Sprachen, Behinderungen, Geschlecht, Religion, sexueller Orientierung, sozialer Klasse, mit Ortswechsel, Diskriminierung oder Privilegierung eingehen.

Merle hat zwei Väter. Im Hinblick auf die Lernumgebung gilt es zu reflektieren: Gibt es bei uns Informationen über Familien mit gleichgeschlechtlichen Eltern, die den Kindern zugänglich sind? Welche Familiendarstellungen überwiegen in Büchern, auf Bildern und Arbeitsbögen? Welche Familien gelten als »normal«, welche werden als »anders« dargestellt und bezeichnet? Eine vorurteilsbewusste Lernumgebung in der Kita zeichnet sich dadurch aus, dass sie alle Familien repräsentiert und damit die tatsächlich vorhandene Vielfalt an Familienkonstellationen und -kulturen erkennbar macht. Dazu eignen sich Familienwände.

Familienwände

An Familienwänden hängen Fotos und Zeichnungen, auf denen Kinder mit ihren Familien zu sehen sind, also mit den Menschen, mit denen sie zusammenleben und die ihnen wichtig sind. Jedes Kind fertigt das Bild über sich und seine Familie mit den Eltern oder anderen Bezugspersonen an.

Familienwände sind für die Kinder konzipiert und haben einen festen Platz in den Gruppenräumen. Die Fotos hängen auf Augenhöhe der Kinder und sollten groß sein, damit sie erkennen können, wer oder was abgebildet ist. Besonders für jüngere Kinder empfiehlt es sich, die Bilder zu laminieren, so dass sie auch bei täglichem Berühren lange halten. Schön ist es, wenn die Familienwände regelmäßig aktualisiert werden können.

Familienwände zeigen den Kindern, dass nicht nur sie, sondern auch ihre Bezugspersonen in der Einrichtung willkommen sind. Darüber hinaus ermöglichen sie, Kinder und Familien ohne Stereotypisierungen darzustellen, denn sie bilden die jeweiligen Familienkonstellationen realistisch ab. Dadurch liefern sie Gesprächsanlässe für die Kinder, regen an, sich über Gemeinsamkeiten und Unterschiede auszutauschen. Kommt es zu abwertenden Äußerungen über Familienmitglieder auf den Bildern, müssen die Fachkräfte intervenieren.

Rebecca Walter-Ludwig: Familienbilder in der Krippe

Rebecca Walter-Ludwig, Erzieherin und Multiplikatorin für den Ansatz der Vorurteilsbewussten Bildung und Erziehung, beschreibt, wie die Familienwände ein Team zu einer neuen Idee anregten:

Die Städtische Kinderkrippe Trottengasse in Waldshut-Tiengen ist eine zweigruppige Einrichtung für 18 Kinder im Alter von einem bis zu drei Jahren. Nachdem wir uns mit dem Ansatz der Vorurteilsbewussten Bildung und Erziehung beschäftigt hatten, stellten wir uns folgende Fragen: Wo finden die Kinder ihre Familien in der Krippe wieder? Wie kann die Vielfalt der Familien auch für junge Kinder erfahrbar gemacht werden? Wie können die Familien darüber hinaus in der Krippe repräsentiert werden? Was kann dazu beitragen, dass die Kinder sich bei uns angenommen fühlen und wir gute Beziehungen zu ihnen aufbauen können? Wir griffen die Idee der Familienwände auf und baten die Eltern in Gesprächen und mit einem Brief, sich zu beteiligen.

Liebe Eltern,

wir möchten, dass Sie und Ihr Kind sich bei uns angenommen und wohl fühlen. Als wir überlegten, was wir gemeinsam dafür tun könnten, kamen wir auf die Familienwände, an denen Fotos der Familien hängen, also der Menschen, die Ihrem Kind wichtig sind. Das sind Sie, die Großeltern und andere nahe Personen. Vielleicht gehören bei Ihnen auch Haustiere zur Familie. Wir wünschen uns, dass die Familienwände Anlass zum Austausch über die unterschiedlichen Familienformen und deren Gemeinsamkeiten bieten. Vielleicht haben Sie Lust, sich an der Herstellung der Familienwände zu beteiligen. Wir denken, es sollte für jedes Kind ein Familienblatt (DIN A4 bis DIN A3) geben, und würden uns freuen, wenn Sie entsprechende Fotos mitbringen. Gerne stellen wir das entsprechende Material zur Verfügung und können auch laminieren.
Unser Terminvorschlag: Montag, 10. Juni, um 14.30 Uhr in der Kinderkrippe.
Wir freuen uns auf Ihr Kommen.
Mit freundlichen Grüßen
Team der Kinderkrippe Trottengasse

Als wir besprachen, wo wir die Familienbilder aufhängen könnten, kamen folgende Vorschläge: im Gruppenzimmer oder im Schlafzimmer über dem Bett des jeweiligen Kindes. Für das Schlafzimmer sprach, dass die Kinder gerade beim Einschlafen gern Vertrautes nah bei sich haben. Dagegen sprach, dass die Schlafzimmer durch schlafende Kinder im Tagesablauf nicht immer frei zugänglich sind. Da schlug eine Kollegin vor, Kissenbezüge mit Fotos der Familien zu bedrucken. Jedes Kind würde sein Kissen haben, könnte sich im Bett an seine Familie kuscheln, und im Gruppenzimmer würden alle die Familienwände jederzeit anschauen können.
Mit Engagement und Eifer gingen wir an die Gestaltung der Familienwände. Auch das Team bekam eine Wand. Fotos für die Familienkissen brachten die Eltern mit, wir kümmerten uns um das Bedrucken der Kissenhüllen. Beides – die Wände und die Kissen – kamen sehr gut an, besonders bei den Kindern. Immer wieder gehen sie zu den Familienwänden, berühren die Fotos mit den Händen, zeigen mit den Fingern darauf, schieben sich Stühle, Spielkisten oder eine Kuschelunterlagen davor, um ihren Familien nahe zu sein. Die Kinder kommunizieren auf ihre eigene Art und Weise, manche Kinder können Personen auf den Fotos bereits benennen. Alle Kinder lieben die Kissen, nehmen sie mit in die Betten, legen sie sich unter ihren Kopf, befühlen die Bilder vor dem Einschlafen, küssen sie oder schauen sie so lange an, bis die Augen zufallen.

Antje Kächele und Karin Bauer: Familienbücher

Antje Kächele und Karin Bauer aus dem evangelischen Kinder- und Familienzentrum Martinskirche in Stuttgart berichten über ihre Arbeit mit Familienbüchern:

Da wir nicht ausreichend Platz für Familienwände haben, suchten wir nach anderen Möglichkeiten, die Familien der Kinder sichtbarer zu machen, und kamen auf die Idee der Familienbücher: Jede Gruppe hat ein Buch, in dem jede Familie eine Seite bekommt und sich selbst darauf darstellen kann. Alle Familien beteiligten sich an der Umsetzung dieser Idee, so dass jede Gruppe nun ein solches Buch in der Leseecke hat. Täglich erleben wir, dass Kinder interessiert in den Büchern blättern, ihre Eltern dazu einladen, mit ihnen hineinzuschauen, über sich und ihre Familien erzählen. Neuerdings gibt es auch ein Abschiedsbuch, das Fotos der Kinder und Familien enthält, die unsere Einrichtung bereits verlassen haben. Es hilft uns, uns an sie zu erinnern.

Platz-Sets mit Familienbildern

In Kindertagespflegestellen reicht der Platz für Familienwände manchmal nicht aus. Damit die Familien der Kinder dennoch sichtbar werden, versah eine Tagesmutter Platzsets mit Fotos all jener, die zu den Familien der Kinder gehören, und laminierte die Sets. Auf einem Set sieht man auch die Geschwister des Kindes, auf dem anderen die Großeltern, auf dem dritten ist die Tante dabei und auf dem vierten sogar der Hund.

Was tun, wenn Eltern nicht mitmachen?

Geht es darum, Familien sichtbar zu machen, ist man auf die Zusammenarbeit mit den Eltern angewiesen. Man sollte also überprüfen, ob das Vorhaben wirklich für alle Eltern umsetzbar ist, und Beteiligungsformen schaffen, die es allen Familien ermöglichen, sich einzubringen.

Es kann zum Beispiel sein, dass Eltern ihre Kinder und sich nicht fotografieren lassen wollen. In diesem Fall gibt es folgende Möglichkeiten: Zeichnungen, Schattenbilder, eine Ausstellung von Gegenständen der Familien, Zitate der Eltern, Reime oder Lieder...

Die Eltern müssen wissen, wozu und weshalb diese Dinge gebraucht werden, denn das liegt nicht auf der Hand. Wenn sie mit Vorurteilen oder Vorbehalten konfrontiert waren, werden sie eventuell davor zurückschrecken, Einzelheiten aus ihrem Familienkontext in der Einrichtung zu veröffentlichen. Andererseits können Vorhaben wie die Arbeit mit Familienwänden dazu beitragen, Vertrauen aufzubauen, wenn sie sensibel umgesetzt werden.

Eventuell lässt sich eine Hürde senken, wenn man die Eltern zum Elternabend einlädt, an dem die Familienwände gestaltet werden, nachfragt, was die Familie zur Umsetzung des Vorhabens gebrauchen kann, und Material bereitstellt.

Geduld kann bei diesem Vorhaben nicht schaden. In manchen Einrichtungen dauerte es Monate, bis die Familienwand komplett war.

Gabriele Koné:
Familiensprachen sichtbar machen

Bei der Entwicklung einer positiven Bezugsgruppen- und Ich-Identität hilft es Kindern, etwas Vertrautes in der Kita wiederzufinden. Dazu gehören die Sprachen, die zu Hause gesprochen werden, Gegenstände, die den Kindern und ihren Familien lieb sind, und Alltagspraktiken oder Rituale, die in den Familien gepflegt werden. Gabriele Koné, Praxisbegleiterin im Projekt »Inklusion in der Praxis von Krippen und Kitas«, beschreibt, wie Familiensprachen der Kinder in der Berliner Kita Brittendorfer Weg sichtbar gemacht wurden:

In der Kita verbindet ein großzügiger, heller Raum die Gebäudeteile, in denen sich die Gruppenräume der Kinder befinden. An der Wand des Flurs hängt ein vom Team und den Eltern gemeinsam angefertigtes Plakat, auf dem das Wort »Willkommen« in verschiedenen Sprachen und Schriften steht. Beim Rundgang fragt sich das Team, ob das Plakat an dieser Stelle tatsächlich gut zur Wirkung kommt.

Die Erzieherinnen erinnern sich daran, wie wichtig einigen Eltern die Mitarbeit an diesem Plakat war. Ein Vater war besonders begeistert, denn häufig erlebt er Ablehnung, wenn er mit seinem Sohn in der Öffentlichkeit Arabisch spricht. Im Gespräch fällt den Erzieherinnen auch auf, dass das Plakat nicht mehr aktuell ist, denn einige Familiensprachen fehlen. Zum Beispiel Sidonias Familiensprache, Romanes, weil das Mädchen noch nicht in der Kita war, als das Plakat entstand. Die Erzieherinnen beschließen, die fehlenden Sprachen zu ergänzen und das Plakat an die Eingangstür zu hängen, damit es mehr Wirkung entfalten kann. Einige Zeit später kommt ein Vater, dessen Erstsprache Koreanisch ist, zum ersten Mal in die Kita, sieht das Plakat an der Eingangstür und sagt, er habe sich in dem Moment wirklich willkommen gefühlt.

Familiensprachen

Familiensprachen sind die Sprachen, in die ein Kind hineingeboren wird. Wie die Bezugspersonen sprechen, der Klang ihrer Stimmen, die Sprechmelodie – all das ist dem Kind vertraut. Deshalb ist es für Kinder, deren Familiensprachen in der Einrichtung nicht gesprochen werden, wichtig, den vertrauten Klang dort wiederzufinden, zum Beispiel in Abzählreimen und Liedern, beim Vorlesen und in Erzählstunden, in denen Eltern Geschichten in ihren Familiensprachen erzählen. Erfahren die Sprachen der Familien Wertschätzung, heißt das für die Eltern und Kinder: Unsere Familie und unsere Familienkultur sind in der Kita willkommen. Dies ist besonders für die Kinder wichtig, deren Familiensprachen in der Mehrheitsgesellschaft wenig Anerkennung finden.

Wie sprechen wir das aus?

Auch im evangelischen Kinder- und Familienzentrum Martinskirche in Stuttgart sind im Eingangsbereich Begrüßungen in allen Familiensprachen sichtbar. Das Besondere daran ist die liebevolle und künstlerische Gestaltung. Zudem steht unter allen Sätzen in deutscher Lautschrift, wie sie ausgesprochen werden.

Welche Gegenstände sind uns wichtig?

Dieses Ritual lieben die Kinder: Ein Mal in der Woche öffnet die Erzieherin den Koffer und nimmt einen Gegenstand heraus, den ein Kind hineingelegt hat. Es ist ein wichtiger Gegenstand der Familie, und das Kind berichtet, was es damit auf sich hat, woher er stammt und was er bedeutet. Meist ist das erzählende Kind ein bisschen aufgeregt. Die zuhörenden

Kinder merken, dass der Gegenstand etwas Besonderes ist. Das erkennen sie an der Sorgfalt, mit der die Erzieherin ihn aus dem Koffer holt, und an der Achtsamkeit, mit der das erzählende Kind ihn hält. Im Koffer steckten schon Bilder, die an Verwandte erinnern, eine Gebetskette und eine Kommunionskerze, Geschenke von lieben Menschen, Urlaubsandenken, der Schlüssel des Hauses, in dem eine Familie in Bosnien lebte, und das Modell eines Familienautos. Die Erzieherin schreibt jede Geschichte auf und fotografiert das Kind mit dem Gegenstand. Schließlich entsteht daraus ein Buch.

Welche Feste feiern wir?

Bei einem Elternabend baten die Erzieherinnen die Eltern, von den Festen zu berichten, die sie in den Familien feiern. Sie waren überrascht, dass Herr und Frau Ö. Weihnachten feiern, »den Kindern zuliebe«. Familie M. begeht den Tag feierlich, an dem ihrer Tochter nach einer schweren Operation »das Leben neu geschenkt wurde«. Weil einige Eltern ihre Feste gern in der Kita bekannt machen wollten, brachten die Kinder Fotoalben mit, die einen Eindruck davon vermitteln. Mit den Eltern wurde besprochen, welche Feste in der Kita gefeiert werden sollen und wie.

Was essen wir in unserer Familie gerne?

Auch Speisen und Speisegewohnheiten sind ein Teil der Familienkultur. Essen ist ein Thema, durch das man sich näher kennenlernen und sowohl Gemeinsamkeiten als auch Unterschiede thematisieren kann.[44] Beim Essen gilt es besonders, Kulturalisierungen zu widerstehen und touristische Vorgehensweisen zu vermeiden, denn Speisen werden in besonderer Weise mit bestimmten Ländern und Regionen assoziiert. Da liegt es nahe, davon auszugehen, dass in den Familien bestimmte „nationale Spezialitäten" den Speiseplan bestimmen und sie auch darauf anzusprechen. Eltern fühlen sich dann manchmal unter Druck und erfüllen die Erwartungen, obwohl ihre Speisegewohnheiten andere sind. Dann ist es wichtig, selbst sehr klar darin zu sein, dass es für das Vorhaben, Speisen als Teil der Familienkulturen in die Kita zu holen, nicht um möglichst exotische Spezialitäten geht, sondern um das, was in den Familien im Alltag gekocht und gegessen wird. Dies bezieht alle Familien ein. Häufig sind es Mütter, die dann in der Kita mit den Kindern gemeinsam kochen und essen und meist ist dann von Freude und Genuss die Rede: Dass man sich näher gekommen ist, sich etwas besser kennen gelernt hat, eine schöne Zeit zusammen verbracht hat. Und für die Kinder ist es ein besonderes Erlebnis, ihre Mütter in der Kita aktiv zu erleben.

---

44 Wie es möglich ist, die Tourismusfalle zu vermeiden, schildert das Beispiel »Die Lieblingsrezepte der Familien« im Kapitel 9, S. 160

Ein Platz für die Familien in der Kita

Sollen Eltern darüber hinaus in der Kita präsent sein, brauchen sie einen Ort, an dem sie sich aufhalten können. Elterncafés, Elternzimmer, ein Elternsofa – all dies macht Müttern und Vätern den Aufenthalt in der Kita angenehm und signalisiert ihnen, dass sie hier willkommen sind und ihre Beteiligung erwünscht ist. Den Kindern sagt ein solcher Ort, dass ihre Eltern ein Teil der Kita und wichtig sind.

Bücher und Spielmaterialien sollten vielfältige Familienkonstellationen widerspiegeln, damit die Kinder ihre eigenen Familien darin wiedererkennen, aber auch anderen Familienkonstellationen begegnen können. Es sollten also Familienmitglieder mit unterschiedlichen Hautfarben und Haarstrukturen vorkommen, mit Behinderungen oder Beeinträchtigungen, mit unterschiedlichen Staturen, unterschiedlichem Alter und Geschlecht. Bücher, in denen verschiedene Familienkonstellationen, -sprachen und -kulturen thematisiert werden, sind für Kinder nicht nur anregend, sondern Beispiele für die faire Darstellungen von Menschen, die sie verzerrenden und herabwürdigenden Darstellungen entgegenhalten können.

Das Familienspiel mit Familienposter[45]

Das Spiel besteht aus 36 Memory-Kartenpaaren, die jeweils ein Kind einzeln und mit seiner Familie zeigen. Ein ausführliches Handbuch in deutscher, türkischer, englischer, polnischer und französischer Sprache empfiehlt verschiedene Spielvarianten, die den Austausch über Gemeinsamkeiten und Unterschiede anregen. Auf dem Familienposter sind viele Kinder und Familien aus dem Spiel zu sehen. Es trägt den Titel »Respekt für jedes Kind – Respekt für jede Familie«, der auf Deutsch, Arabisch, Spanisch, Türkisch, Französisch, Niederländisch und Englisch zu lesen ist.

Das Familienspiel und das Familienposter unterstützen die sachliche, differenzierte Auseinandersetzung mit vielfältigen Familienkonstellationen und -kulturen und ermöglichen es, im Gespräch mit den Kindern Vielfaltsaspekte zu thematisieren. Das Material regt die Kinder an, über Unterschiede zu sprechen, die ihnen bereits bekannt sind, und bietet die Chance, neue Aspekte kennenzulernen. Eine Spielvariante heißt »Sortieren und Zuordnen«: Die Kinder sollen bestimmte Merkmale erkennen und aufeinander beziehen. Das ermöglicht es ihnen, bestehende Vorstellungen zu erweitern und neue Sichtweisen zu gewinnen. Über die auf den Karten dargestellten Familien kann man auch mit jungen

---

45 Entwickelt 2010 von der Fachstelle Kinderwelten, zu beziehen über www.verlagdasnetz.de

Kindern in den Dialog treten, indem man fragt: Welche Familien sehen fröhlich aus? Woran erkennst du das? Was macht dich fröhlich? Erwachsenen bietet das Familienspiel einen Einstieg in die Auseinandersetzung mit der Tendenz, Menschen spontan einzuordnen und zu bewerten. Es lädt ein, genauer hinzusehen, auf welchen Erfahrungen und Wertorientierungen diese Einordnungen basieren.

Eltern fühlen sich deutlich wohler, wenn sie sich in der Lernumgebung ihrer Kinder wiederfinden und einbezogen werden. Erzieher_innen, die Eltern dies ermöglichen, tragen dazu bei, dass eine Atmosphäre des Vertrauens und ein Miteinander entstehen, so dass sich alle – vor allem die Kinder – aufgehoben fühlen. Folgende Reflexionsfragen können hilfreich sein:

Reflexionsfragen

- Geben wir jedem Kind das Gefühl, dass seine Familie so, wie sie ist, richtig ist? (1.6.2.)
- Achten wir darauf, die Bezugsgruppe und Familienkultur eines Kindes nicht gesondert hervorzuheben, sondern nur dann anzusprechen, wenn die Familienkulturen aller Kinder thematisiert werden? (1.6.4.)
- Achten wir auf ein vielfältiges Materialangebot, das den Kindern die Möglichkeit gibt, sich ein Bild über unterschiedliche Familienkulturen und -formen, Sprachen und Dialekte, religiöse Alltagspraktiken, Speisegewohnheiten und Gebrauchsgegenstände zu machen? (2.2.1.)
- Achten wir bei der Beschreibung von Familien auf deren Individualität und machen sie nicht zu Repräsentanten einer sozialen Gruppe? (2.11.4.)

3. Das passiert bei uns –
Eine anregende Lernumgebung schaffen

Eine Lernumgebung, die Kinder und ihre Familien widerspiegelt, ist im wahrsten Wortsinne ansprechend: Sie stellt eine Verbindung zur Lebenswirklichkeit jedes einzelnen Kindes her, zu dem, was es beschäftigt, zu seinen eigensinnigen Deutungen der Phänomene, die es beobachtet. Darin ist das Kind selbst kundig und hat etwas darüber mitzuteilen. Ansprechend ist auch, wenn es in der Lernumgebung etwas gibt, das emotional berührt und dazu auffordert, einen Ausdruck für die Gefühle zu finden.

Gleichzeitig ist eine Lernumgebung, in der jedes Kind repräsentiert ist, ein Spiegel soziokultureller Vielfalt. Diese Vielfalt regt kognitive und sprachliche Lernprozesse an. Die Darstellungen der unterschiedlichen Kinder und ihrer Familien machen neugierig, eröffnen Entdeckungen, fordern zum Vergleichen auf, zum Erkennen von Gemeinsamkeiten und Unterschieden. Gerade Unterschiede können irritieren, können kognitive Dissonanzen auslösen und fordern zum Besprechen auf.

»Was mich anspricht, bringt mich zum Sprechen« – dieser Zusammenhang ist bei der Unterstützung sprachlicher Bildungsprozesse von Kindern wichtig. Kinder spricht all das an, was mit ihnen zu tun hat: Aspekte ihrer Ich-Identität und ihrer sozialen Bezugsgruppen.

Ihre Identitätsentwicklung ist Motor ihrer sprachlichen Entwicklung. Und sprachliche Kompetenz ermöglicht ihnen, sich selbst und ihre Lebenssituation besser zu verstehen.

Gudula List macht darauf aufmerksam, dass sozial-emotionale, kognitive und sprachliche Entwicklungsprozesse miteinander verflochten sind: »Sprache leitet das Denken an, bahnt dem Bewusstsein den Weg, verknüpft Erinnerungen in Raum und Zeit, reguliert die spontane Emotionalität, steuert die Ich-Entwicklung, macht Handlungen plan- und kontrollierbar – und Sprache tradiert das Wissen von Generation zu Generation. (…) Es gilt, den Blickwinkel weit zu öffnen, um die wechselseitigen Einflüsse sprachlicher, kognitiver und sozialer Prozesse wahrzunehmen und auf sie einzuwirken.«[46]

Zur Rolle der Sprache bei der Konstruktion von Selbstkonzepten erklärt die Autorin, dass das Ich in sozialer Interaktion entstehe. Deshalb sei es für Kinder besonders wichtig, darüber zu erzählen, was sie mit anderen Menschen erlebt haben. Außerdem habe die Sprache eine bedeutende Funktion bei der Entwicklung sozialer Fantasie, der Fähigkeit also, Perspektiven anderer Menschen wahrzunehmen. Ihre Empfehlung: Mit Kindern oft darüber sprechen, wie sie sich und wie andere Menschen sich fühlen, was sie und andere wissen oder meinen und wie aus Absichten Handlungen werden. Dabei entwickeln Kinder ihre »innere Sprache«, das verkürzte Mit-sich-selbst-Sprechen, das gedanklich Handlungsvollzüge begleitet. Diese innere Sprache steuert die eigene Handlungsorganisation, zum Beispiel beim Planen, Überprüfen oder Einhalten von Regeln. Sie erweitert das individuelle Bewusstsein und ist bedeutsam für autonomes Handeln. Die innere Sprache entsteht, so Gudula List, »nicht unter Laborbedingungen, sondern zu Hause und in der Kita. Kinder brauchen Dialoge und verbale Auseinandersetzungen mit anderen, um zu lernen, mit sich selbst zu kommunizieren«. All das ist auch für zwei- und mehrsprachige Bildungsprozesse wichtig.

In der Lernumgebung braucht es »sprachliche Vorbilder und Situationen, in denen Kinder motiviert sind, in der zweiten Sprache zu kommunizieren«.[47] Kritisch zu sehen seien Sprachförderprogramme, die eine Förderung des kindlichen Zweitspracherwerbs in einer festgelegten Abfolge definierter Angebote vorsehen, weil sie nicht am sprachlichen Entwicklungsstand von Kindern ansetzen. Zu individualisierten Zugängen gibt es auch bei der sprachlichen Bildung keine Alternative: »Einfache Rezepte, die eine Förderung mehrsprachiger Kinder nach Schema F ermöglichen, gibt es nicht.«[48]

Als gesichert kann gelten, dass das Erleben von Diskriminierung und Abwertung auch

---

46 List 2011, 6
47 Ebd.
48 Rothweiler/Ruberg 2011, 23

sprachliche Bildungsprozesse beeinträchtigt. Dabei ist der Zusammenhang von Sprache und Diskriminierung in zweifacher Hinsicht relevant:

Sprachen werden diskriminiert

Der Begriff Linguizismus bezeichnet die Ideologie von der Höherwertigkeit einer Sprache vor anderen. Kinder erleben Linguizismus täglich, weil eine bestimmte Sprache vorherrscht und andere Sprachen weniger Raum erhalten. Zweisprachige Kinder werden zur Einsprachigkeit (Deutsch) gezwungen, wenn ihnen der Gebrauch ihrer Erstsprachen in öffentlichen Einrichtungen untersagt wird. Die Botschaft eines solchen Verbots ist klar: Deutsch ist wichtiger als die Erstsprachen. Die Erstsprachen sind nicht so bedeutsam oder sogar minderwertig. Da gerade junge Kinder die Sprache nicht von den Personen trennen, verstehen sie diese Botschaft auch als Ablehnung und Abwertung der Sprecher_innen. Insofern greift die Botschaft ihre Identität an und beschädigt ihr Selbstwertgefühl, wenn es niemanden gibt, der sie schützt und bestärkt.

Diskriminierung wird häufig im Medium von Sprache ausgedrückt

Sprache ist für Kinder ein Werkzeug, mit dem sie sich die Welt erschließen und sich verständlich machen können. Gleichzeitig erleben sie Sprache als Machtinstrument, das sie verletzen, beschämen und schwächen kann. Im ungleichen Machtverhältnis zwischen Erwachsenen und Kindern findet auch der Adultismus, die Ideologie von der Höherbewertung der Sichtweisen Erwachsener, seinen sprachlichen Ausdruck. Abwertungen und Diskriminierungen entlang anderer Aspekte der Identität vermitteln sich Kindern meist ebenso über Wörter: Wörter über sie, ihre Familie, ihre soziale Gruppe. Es sind Wörter, die »im Herzen weh tun«[49] und Kinder verstören, weil sie ihnen Attribute zuweisen, die auf ihre Selbstbilder zielen: »behindert« sein, »Ausländerin« sein, »bildungsfern« sein, aus einer »unvollständigen Familie« stammen. Was heißt das? Die Wörter bezeichnen einen »Makel«, bezogen auf ein Merkmal, das man nicht verändern kann. Sie lösen Ohnmacht, Befremden und Angst aus, verändern das Selbstbild und beeinflussen das Bild, das andere Menschen von einem haben. Mit dem Wort ist der vermeintliche Makel in der Welt und wird zu einer sozialen Realität, die man auf sich und auf andere Menschen bezieht. Hinzu kommt: Angst und Unsicherheit blockieren das Denken und das Sprechen.

---

49 Zitat eines siebenjährigen Jungen aus einer Kinderwelten-Projektkita.

Eine Lernumgebung, die Kinder in ihrer Ich- und Bezugsgruppen-Identität anspricht, ist frei von diskriminierenden und herabwürdigenden Botschaften über Menschen. Eine vorurteilsbewusste Lernumgebung zeigt Kindern Respekt für das, was sie mitbringen, auch in sprachlicher Hinsicht. Und sie macht ihnen Mut, denn sie enthält Lernanregungen und Herausforderungen, auch sprachliche, die ihnen zeigen, dass man ihnen etwas zutraut.

Ilka Wagner und Ulla Lindemann: Der Märchenkoffer

In der Berliner Europa-Kita Reichenberger Straße des VAK e.V. gibt es ein Ritual, bei dem jedes Kind erlebt, wie wichtig es ist und welche schöpferischen Kräfte in ihm stecken. Im Gespräch mit Ulla Lindemann berichtet die Erzieherin Ilka Wagner:

Bevor es Geburtstag hat, schreibe ich mit jedem Kind eine Geburtstagsgeschichte auf. Es erzählt mir diese Geschichte – manchmal beteiligen sich auch Freunde und Freundinnen – in einem ruhigen Raum. Schreibpapier, ein Fotoapparat und der Märchenkoffer liegen bereit. Der Märchenkoffer ist ein Pappkoffer, in dem sich verschiedenfarbige Dosen befinden, die kleine Gegenstände enthalten, zum Beispiel eine Münze, eine Löwenfigur, ein Auto, einen Schlüssel. Diese Dinge werden zu Protagonisten der Geschichte. Auch ein Kästchen steckt im Koffer. Es enthält Karten eines alten Memory-Spiels, auf denen zum Beispiel ein Paar Schuhe, ein Haus, ein Feuerwehrauto, eine Burg, ein Berg oder ein Eis abgebildet sind. Außerdem gibt es eine kleine Decke, die als Bühne für das Geschehen fungiert.

Das Geburtstagskind öffnet den Koffer, holt die Decke heraus und sucht sich eine Dose aus, ohne zu wissen, was darin steckt. Es öffnet die Dose und sieht: Oh, ein Tiger, ein Dinosaurier, ein Vogel... Hätte es lieber etwas anderes gefunden, lasse ich es eine weitere Dose öffnen, denn das Kind sollte mögen, was es findet. Nun mache ich ein Foto von dem Kind mit seinem Gegenstand. Dann geht es los: Ich schreibe den Namen des Kindes auf – zum Beispiel »Kazims Geburtstagsgeschichte« –, das Datum, die Kinder, die dabei sind, und den Gegenstand aus der Dose. Dem Geburtstagskind sage ich: »Es ist deine Geschichte, dein Märchen. Wenn du nicht mehr weiter weißt, kannst du die anderen Kinder fragen und entscheiden, ob du das, was sie erzählen, für deine Geschichte gebrauchen kannst.«

Jede Geschichte beginnt mit: »Es war einmal vor langer, langer Zeit, da lebte...« Das Kind setzt diesen Satz fort, und ich schreibe mit.

Manche Kinder erzählen die Geschichte von Anfang bis Ende allein. Stockt ein Kind nach ein paar Sätzen, helfe ich ihm mit Fragen: »Wie heißt dein Tier? Wo wohnt es? Mit wem lebt es? Was macht es am liebsten? Was macht es jeden Tag? Hat es Freunde? Wer gehört zu seiner Familie?«

Viele Kinder wählen für ihre Protagonisten die eigenen Namen, Namen ihrer Freunde oder Freundinnen. Man merkt, dass sie sich mit den Figuren identifizieren. Sie halten sie beim Erzählen in der Hand, lassen sie auf der »Bühne« laufen und etwas Besonderes erleben, denn diese Figuren sind stark und klug, mutig und witzig.

Ist der Anfang gemacht, sage ich: »Eines Tages geschah es, dass…« Irgendetwas Spannendes passiert, und die Geschichte geht weiter. Damit sie einen roten Faden bekommt, lese ich zwischendurch Teile vor. Wenn mir etwas unklar ist, frage ich nach, denn andere Kinder sollen die Geschichte später verstehen können. Wenn das Kind es möchte, lesen wir die Geschichte vor.

Manche Kinder erzählen lange, fantasievolle Geschichten. Ihnen sage ich: »Guckt mal, am Ende des Blattes muss die Geschichte zu Ende sein.« Geht die Geschichte trotzdem weiter, nutzen wir ein weiteres Blatt.

Letztes Jahr wollten ein paar Kinder immer mehr Märchen über die gleichen Gegenstände erzählen, und es entstanden drei oder vier Geschichten. Zu diesen Kindern gehörte ein Junge, der noch nicht fließend Deutsch sprechen konnte. Dennoch beteiligte er sich. Einem polnischsprachigen Jungen, der neu in unserer Kita war, half eine Kollegin, schrieb seine Geburtstagsgeschichte auf Polnisch auf und übersetzte sie ins Deutsche. So konnten wir auch diese Geschichte hören.

Jedes Märchen endet klassisch mit: »… und wenn sie nicht gestorben sind, dann leben sie noch heute.« Zum Schluss lese ich es vor und frage, welche Überschrift es haben soll. Dann tippe ich alles ab – grammatikalisch korrekt, denn das Märchen wird immer wieder vorgelesen und soll die richtigen Sprachformen enthalten. Anschließend klebe ich das Foto des Kindes Kind auf das Blatt und hänge es an unsere Info-Wand, damit alle es sehen können. Wenn das Kind es möchte, lesen wir das Märchen in der Morgenversammlung vor. Die meisten Kinder wollen das gern und sind stolz auf ihre Werke. Später kommt das Blatt in den Ordner des Kindes. Kopien der Geschichten sammeln wir in einem Gruppen-Ordner. Ich kann nicht sagen, dass in den Geschichten immer ein direkter Bezug zu Lebenssituationen der Kinder erkennbar ist. Meist scheint es so zu sein: Die Kinder stellen sich eine Fantasiewelt vor, voller Abenteuer und Hindernisse, aber jede Geschichte geht letztlich gut aus. Das legt schon die Form des Märchens nahe.

Doch hin und wieder habe ich den Eindruck, dass Kinder mit ihren Geschichten aktuelle

Ereignisse oder Probleme bearbeiten. Zum Beispiel erzählte Merve eine Geschichte, die von einer problematischen Situation in der Familie ihrer Freundin Selin handelt. Merve gab ihrer Geschichte ein positives Ende und bewies damit Empathie.

Die Geschichte von Devin, dem es schwer fiel, Freundschaften zu schließen, handelt von einem Jungen, der mit vielen Kindern spielen kann.

Merves Geschichte

Es war einmal vor langer Zeit ein Mädchen, das hieß Selin. Selin wohnte in einem Haus – ganz allein. Die Eltern von Selin waren verschwunden. Darüber war sie sehr unglücklich. Eines Tages ging Selin im Wald spazieren und fand einen Edelstein. Sie versteckte ihn, denn sie wusste, dass es ein Zauber-Edelstein war. Sie wünschte sich nämlich eine neue Mutter, schloss die Augen und sagte: »Ich wünsche mir eine neue Mutter!« Da krachte es laut, und vor Selin stand eine neue Mutter. Da kam ein Schmetterling, nahm sie auf seine Flügel und brachte sie nach Hause. Und wenn sie nicht gestorben sind, dann leben sie noch heute.

Devins Geschichte

Es war einmal vor langer, langer Zeit ein Fisch. Der lebte im Meer. Er hieß Devin. Er hatte viele Freunde, die waren auch Fische: Umut, Efkan, Berfin, Tarek, Fatma, Anna, Merlin, Nicola, Laura, Resul, Martin, Julia, Hannes, Reyhan, Merve, Elif, Bahar, Ayse, Handan, Lucas und Nico. Jeden Tag spielten sie Fußball im Wasser. Devin war der Torwart.
Eines Tages kam ein Gespenst zu ihnen. Die Fische hatten Angst und wollten sich im Keller verstecken. Aber die Kellertür war verschlossen. Das Gespenst rief: »Kommt, ich habe einen Schlüssel!« Devin sagte: »Kann ich bitte den Schlüssel haben?« Das Gespenst antwortete: »Dann gebe ich dir den Schlüssel.« Devin schloss den Keller auf und alle Fische schwammen hinein. Und das Gespenst kam mit. Und wenn sie nicht gestorben sind, dann leben sie noch heute.

Die Geschichten gehen immer gut aus. Nur ein Mal erlebte ich, dass ein Kind seinen Protagonisten sterben ließ. Die Familie dieses Kindes kam aus Serbien nach Berlin. Wir wissen zwar nicht, was das Kind auf diesem Weg erlebte, vermuten aber, dass es in seiner Geschichte belastende, wenn nicht gar traumatische Erfahrungen verarbeitete. Gut, dass es das tun konnte.
Worum geht es mir beim Märchenkoffer-Ritual? Ich möchte jedem Kind vermitteln, dass es gesehen wird, und ihm zu seinem sprachlichen Ausdruck verhelfen. Ich möchte jedem Kind die Erfahrung ermöglichen, dass es seine eigene Geschichte erzählen kann, und andere Menschen lesen oder hören sie. Jedes Kind soll wissen: Ich bin so wichtig, dass meine Geschichte Teil eines Buches ist.
Es ist ein gutes Gefühl, mit den Kindern zu erleben, welche Schöpferkraft sie haben. Bei der nächsten Geburtstagsgeschichte werde ich sagen: »Sieh mal, das Blatt ist leer. Da steht nichts. Und jetzt schreibe ich auf, was du in deinem Kopf hast.«

Beyhan Akpınar und Ulla Lindemann: Frag mich!

In der Europa-Kita des VAK e.V. ist Antje Damms Buch »Frag mich« sehr beliebt. Die Autorin Antje Damm stellt »118 Fragen an Kinder, um miteinander ins Gespräch zu kommen«.[50] Zu jeder Frage gibt es ein Bild, und beides lädt Kinder ein, sich über ihre Weltsicht mitzuteilen. Beyhan Akpınar berichtet Ulla Lindemann über ihre Erfahrungen mit dem Buch:

Wir verwenden das Buch oft, weil es an Alltagserfahrungen der Kinder anknüpft: Wer gehört zu deiner Familie? Worüber hast du dich zuletzt gestritten? Bist du schon mal in einen Bach gefallen? Hast du schon mal etwas geerntet? Worüber musst du lachen? Woran schnupperst du gern? Was hast du schon mal geträumt? Was macht dich traurig? Diese Fragen sind so interessant, dass viele Kinder Lust bekommen, sie zu beantworten und etwas zu erzählen. Ebenso interessant ist es, über die Antworten nachzudenken und zu erfahren, was andere Kinder dazu sagen. Es ist schön, wenn die Kinder ihre Vorlieben, Abneigungen und Wünsche offenbaren können: Wo versteckst du dich am liebsten? Wen möchtest du niemals küssen? Was möchtest du gut können? Was wünschst du dir von deinem Großvater? Anregend ist auch, dass immer wieder nach den Kompetenzen der Kinder gefragt wird: Wie bringst du andere zum Lachen? Welchen Weg kennst du ganz genau? Welches Essen hast du schon mit deinem Papa gekocht? Manche Fragen fordern die Kinder heraus, denn man braucht Vorstellungskraft, um zu beantworten, woran man merkt, dass man größer wird. Kommt es vor, dass die Kinder eine Frage nicht gleich verstehen, formulieren wir sie ein bisschen um oder erläutern sie. Weil die Familiensprache vieler Kinder Türkisch ist, hat unsere Leiterin das Buch übersetzt, so dass die Kolleginnen, die Türkisch sprechen, die Fragen in ihrer Sprache vorlesen können. Damit stärken wir die türkischsprachigen Kinder in ihrer Erstsprache und können sie beim Deutschlernen unterstützen. Auch die Illustrationen sind anregend. Es gibt Fotos, Zeichnungen und Bilder »von früher«. Dargestellt werden Kinder und Erwachsene, Gegenstände aus dem Alltag, Tiere und Ausschnitte aus der Natur. All das zeigt, worum es bei den Fragen geht, oder lenkt die Aufmerksamkeit in überraschende Richtungen, denn manche Bilder werfen neue Fragen auf. Da sieht man zum Beispiel ein kleines Kind, das gerade Blumentopferde kostet. Daneben steht die Frage: Welche lustige Geschichte gibt es von dir als Baby?

Das Buch eignet sich für Gespräche mit einzelnen Kindern oder mit der ganzen Gruppe. Holt ein Kind es aus dem Regal, möchte es meist, dass wir ihm vorlesen. Tatsächlich aber

---

50 Damm 2012

spricht das Kind, denn wir lesen lediglich die Fragen vor. Manchmal möchten die Kinder sich auch nur über die Bilder austauschen. Oft benutzen wir das Buch, um Interviews mit den Kindern zu führen. Teils wählen wir die Fragen aus, zum Beispiel, wenn wir sie für ein Projekt nutzen wollen. Manchmal nehmen wir das Buch mit in den Morgenkreis oder schlagen es in ruhigen Momenten des Tages auf, wenn die Kinder Lust haben, alle die gleiche Frage zu beantworten:

Wo möchtest du einmal wohnen? Im roten Haus. // In einem Haus mit einem Garten. // Immer noch in Berlin. // Da, wo die Mama und der Papa von Mama wohnen, in Essen. // In dem weißen Haus und in dem Blumenhaus.

Was macht dich wütend? Mein Bruder. // Wenn es ganz laut ist. // Wenn mir was runterfällt und kaputt geht. //Manchmal meine Mama. // Wenn Boris mich ärgert.

Wohin möchtest du reisen? In die Türkei. Ich war schon mal lange in der Türkei. Dann bin ich wieder nach Berlin gekommen. Ich habe eine Freundin, die war bei uns in der Kita. Die ist jetzt in die Türkei gezogen und kommt nicht mehr in die Kita.

Was machst du jeden Morgen? Ich stehe auf. Ich will noch mehr schlafen, aber mein Papa sagt: Steh auf! // Ich ziehe schöne Sachen an, die mir gefallen.

Was siehst du, wenn du zu Hause aus dem Fenster schaust? Bäume, Häuser, Straße, Autos, Menschen. // Ich sehe einen Parkplatz und Vögel. // Ich habe einmal mit meinem Papa ein Eichhörnchen gesehen, eine echtes. Das ist wieder in den Baum hochgeklettert.

Was kannst du Besonderes mit deinen Händen machen? Die Tür aufmachen, Bücher angucken, trinken. // Mit meinen Händen? Immer wieder spielen. // Mit den Händen halte ich die Barbie.

Weil ein Buch mit lauter Fragen so eine gute Idee ist, beschlossen wir, ein eigenes Buch herzustellen, denn unsere Kinder haben viele Fragen und wir Erwachsene auch. Wir könnten sie aufschreiben und darüber sprechen. Vielleicht haben die Kinder sogar Lust, Bilder dazu zu malen. Später könnten wir die Fragen und Antworten der Kinder aushängen, denn die Eltern lesen ausgesprochen gern, was ihre Kinder wissen und denken. Das Buch »Frag mich« kennen sie seit dem ersten Elternabend. Damals antworteten sie auf Fragen, die wir nach dem Zufallsprinzip ausgewählt hatten, und fanden, das sei eine schöne Methode, sich besser kennenzulernen.

Gespräche mit Persona Dolls©

Persona Dolls sind ebenfalls »ansprechend«, in mehrfacher Hinsicht. Sie bringen Geschichten mit und laden Kinder ein, darüber ins Gespräch zu kommen.[51] Mit ihren äußeren Merkmalen, ihren Namen, ihren Sprachen, ihren Familien und weiteren Besonderheiten verkörpern sie Kinder, die manchen Kindern ähneln und manchen nicht. Wenn die Kinder Kontakt zu ihnen aufnehmen, erfahren sie etwas über ihre Lebensverhältnisse, Gefühle und Probleme.[52] Kinder mit ähnlichen Merkmalen wie die Persona Dolls können sich durch die Puppen bestärkt fühlen.

Persona Dolls tragen zur Widerspiegelung von Vielfalt bei und regen zur Auseinandersetzung mit Verschiedenheit an. Dies bewirken sie durch ihre physische Präsenz in der Lernumgebung – insbesondere, wenn es in der Kita mehrere Persona Dolls gibt. Da Kinder sich mit ihnen identifizieren, können sie ein Gegengewicht zu abwertenden Botschaften über Menschen bilden.

---

51 Siehe Infokasten
52 Siehe Persona Doll Beispiele im Kapitel 6

Persona Dolls©

Eine Persona Doll[53] ist eine Puppe mit einer Biografie, die ihr von den Erwachsenen gegeben wird. Sie kommt zu Besuch und berichtet der Kindergruppe von ihrem Alltag und von ihren Erlebnissen. Dabei kommen die Kinder mit ihr über Gemeinsamkeiten oder Unterschiede ins Gespräch und denken über Lösungen nach, wenn die Persona Doll ihnen anvertraut,

- dass die großen Jungen auf dem Spielplatz »Baby« zu ihr sagen und sie nicht mitspielen lassen;
- dass sie manchmal traurig ist, denn die anderen Kinder sagen: »Du kannst nicht rennen, weil du im Rollstuhl sitzt«;
- dass sie es blöd findet, wenn andere Menschen ihren Namen falsch aussprechen und sich darüber lustig machen;
- dass sie tanzen möchte, aber die anderen Kinder sagen: »Das ist nur was für Mädchen.«

Persona Dolls stimulieren die Sprechfreude der Kinder und unterstützen sie in ihren sprachlichen Bildungsprozessen. Die Gesprächsführung liegt bei den Erwachsenen, die dafür sorgen, dass alle Kinder zu Wort kommen. Damit die Redeanteile der Kinder überwiegen, werden offene Fragen gestellt, also solche, die nicht nur mit Ja oder Nein zu beantworten sind. Ein Beispiel: »Manche Kinder haben Geschwister, manche keine. Wie ist es bei euch?« Um über ihre Antworten nachzudenken oder Ideen und Vorschläge einzubringen, brauchen die Kinder ausreichend Zeit.

Die Erwachsenen reagieren wertschätzend, indem sie zum Beispiel sagen: »Das ist eine sehr gute Idee, Beyza!« und zusammenfassen, was ein Kind gesagt hat. So erlebt sich das Kind als kompetenter Gesprächspartner.

Im Gespräch sorgen die Erwachsenen dafür, dass kein Kind von anderen Kindern ausgelacht, beschämt oder ausgegrenzt wird: »Es ist nicht in Ordnung, dass Verena nicht zum Geburtstag eingeladen wird, weil ihre Mama kein Geld für ein Geschenk hat.«

Merkmale von Menschen beschreiben die Erwachsenen sachlich korrekt und respektvoll. Abwertende oder verletzende Aussagen vermeiden sie oder weisen sie zurück. Das erfordert Sachkenntnis und Sensibilität, denn auch über Sprache werden Vorstellungen davon transportiert, was »normal« ist und wer dazugehört.

Es gilt: Alle Kinder werden gehört, ihre Meinungen zählen, ihre Vorschläge sind wertvoll. Dieses Erlebnis ermutigt auch schüchterne Kinder und Kinder, die in der Gruppe eher am Rande stehen, von sich zu erzählen.

---

53 Siehe Sıkcan-Azun 2011

Tom und Anahita

Übernachtung in der Kita. Nach dem Abendbrot sind die Kinder dabei, ins Bett zu gehen. Tom, ein Mitarbeiter der Reinigungsfirma, kommt herein. Er begrüßt Kinder und Erzieher_innen, bevor er sich in den anderen Räumen an die Arbeit macht. Als er fort ist, sagt Muriel, ein fünfjähriges weißes Mädchen, zur Erzieherin: »Ich mag Tom nicht. Er ist so schwarz. Nee, ich mag ihn nicht.« Die Erzieherin stutzt. Dann sagt sie: »Ja, er hat braune Haut, das stimmt. Kein Grund, ihn nicht zu mögen. Er könnte der Papa von Anahita sein.« Muriel sieht die Erzieherin an und denkt nach. Sie mag Anahita, eine Persona Doll, die ebenfalls braune Haut hat. Sie mag auch Anahitas Geschichten von ihrer Familie. Später erzählt die Erzieherin, dass sie über Muriels Vor-Vorurteil erschrocken war, weil es zeige, wie stark negative Bilder über Schwarze die Kinder beeinflussen. Sie war froh, auf die Persona Doll Anahita verweisen zu können, mit der sie die Kinder bereits vor einiger Zeit bekannt gemacht hatte. Da es in der Kita gerade kein Kind, kein Familienmitglied und keine Erzieherin mit dunkler Hautfarbe gebe, sei Anahita die einzige Schwarze Bezugsperson der Kinder.

Dagmar Guthmann und Ulla Lindemann: Bento kann ich alles sagen

In der Kita »Regenbogen« in Jena gibt es in jeder Gruppe eine Persona Doll. Die Leiterin Dagmar Guthmann erklärt im Gespräch mit Ulla Lindemann, welche Bedeutung diese »Puppen mit Persönlichkeit« für die Kinder haben:

Seit wir im Kinderwelten-Projekt mitarbeiten, veränderten sich manche Handlungsweisen in der pädagogischen Arbeit. Früher sagten wir bei einem Streit zwischen Kindern schnell mal: »Regelt das Problem selbst.« Oder: »Das ist doch nicht so schlimm.« Wir hatten gemerkt, dass wir die Kinder mit solchen Äußerungen abwimmelten, weil wir uns nicht wirklich darauf einlassen wollten, was sie gerade dachten oder fühlten, und nicht nachforschten, wie eine Konfliktsituation entstanden war und was die Anliegen oder Schwierigkeiten der Kinder waren.

Heute stehen wir den Kindern mit offenen Herzen und Ohren zur Verfügung. Mit Hilfe der Persona Dolls kommen wir mit ihnen über ernste Themen oder über ihre Gefühle ins Gespräch und erfahren, was ihnen wichtig ist. Da nicht immer jemand sofort Zeit zum Zuhören hat, ist es gut, dass sich die Kinder in solchen Momenten selbst zu helfen wissen. Nämlich mit Bento, unserer Persona Doll.

Ein Beispiel: Meine Kollegin und ich hörten, dass im Nebenraum ein Disput zwischen zwei Jungen entbrannt war, der immer heftiger wurde. Bevor wir eingreifen konnten, kam uns Lars, einer der Streitenden, entgegen und rief wütend: »Das finde ich unfair! Das erzähle ich jetzt Bento!« Gesagt, getan. Danach wandte er sich einem anderen Spielpartner zu. Wir waren froh. Lars hatte seine Gefühle und Gedanken ausdrücken können, weil er ein Gegenüber gefunden hatte. Bento kann nämlich gut zuhören, ist ein Kind wie Lars und hat Verständnis für dessen Wut.

Reflexionsfragen

- Achten wir darauf, dass sich jedes Kind mit seinen Interessen, Fähigkeiten und Vorlieben wiedererkennen kann? (1.1.4.)
- Sind die Familiensprachen und Dialekte der Kinder im Alltag zu hören und zu sehen? Gibt es Bücher in diesen Sprachen? (1.2.1.)
- Stärken wir das Selbstvertrauen jedes Kindes? (1.5.)
- Pflegen wir Rituale, die Kinder erleben lassen, dass sie wichtig sind und dazugehören? (1.5.7.)
- Sorgen wir dafür, dass die Beschäftigung mit Gemeinsamkeiten und Unterschieden zwischen Menschen zu einem Teil des alltäglichen Lernens wird? Regen wir die Kinder zu Fragen und Antworten an? (2.5.4.)
- Werden Fotos und Bilder ausgestellt, die überraschend und ungewohnt sind, weil sie Stereotype in Frage stellen? (3.2.4.)
- Gegenüber welchen Kindern haben wir reduzierte oder erhöhte Erwartungen? (3.12.1.)
- Überprüfen wir unseren Bestand an Materialien, Büchern und Spielen daraufhin, welches Erwartungsniveau an die Lern- und Leistungsfähigkeit der Kinder er widerspiegelt? (3.12.8.)

4. Lieblingsbücher und Bücherkisten – Kinderbücher vorurteilsbewusst auswählen

Kinderbücher sind Fenster zum Weltwissen, denn sie ermöglichen Begegnungen mit interessanten Figuren, neuen Orten, spannenden Ereignissen und bringen Kinder in Kontakt mit dem Medium Schrift. Bücher vermitteln die Erfahrung, dass Bilder und Schrift Vorstellungen über bisher unbekannte Welten entstehen lassen können. Kinderbücher sind historisch-kulturelle Produkte. Sie wurden von Erwachsenen gemacht, sollen Kindern etwas Bestimmtes vermitteln und enthalten entsprechende Wert- und Normorientierungen. Im 18. und 19. Jahrhundert war die Kinderliteratur vorwiegend moralistisch, dem damaligen Bild davon entsprechend, wie ein Kind zu sein habe. Seit dem 20. Jahrhundert verbreitete sich das Themenspektrum dieser Literatur gewaltig, aber die Qualitätsunterschiede sind groß. Das macht die Auswahl nicht leicht. Welche Bücher regen Kinder wirklich an, sich mit der Welt auseinanderzusetzen? Welche Bücher unterstützen elementare Bildungsprozesse? Bücher, die Erwachsene zur Verfügung stellen, sind nicht neutral. Kinder gehen davon aus, dass den Erwachsenen gerade diese Bücher wichtig sind. Darauf wies bereits Bruno Bettelheim in seiner Analyse über Schulfibeln[54] hin: Auch wenn Kinder die Inhalte dürftig fanden und nichts Neues für sich darin entdeckten, vor allem nichts, was mit ihrem Leben zu tun hatte, war ihnen offene Kritik nicht möglich. Sie hätten damit die Autorität der Lehrerinnen und Lehrer in Frage gestellt.

Die Auswahl der Erwachsenen zu kritisieren ist Kindern auch heute nur möglich, wenn sie ausdrücklich dazu aufgefordert werden. Das setzt voraus, dass Erwachsene eine kritische Distanz zu Kinderbüchern einnehmen und Kinder daran beteiligen, sie unter die Lupe zu nehmen, denn Bücher sind von Menschen gemachte Werke. Und ein Autor oder eine Illustratorin ist ein Mensch wie andere auch, kann sich irren, fehlerhafte Informationen verbreiten, Vorurteile hegen oder schlicht nichts von Kindern verstehen.

Die vorurteilsbewusste Auswahl von Kinderbüchern basiert auf der Erkenntnis, dass Bücher wie andere Medien das Selbst- und Weltbild von Kindern beeinflussen. Enthalten Kinder-

---

54 Bettelheim 1985, 15

bücher negative Botschaften über die Kinder selbst oder deren Bezugsgruppen, haben sie es mit einem Angriff auf ihr Selbstbild zu tun. Sind diese negativen Botschaften Teil des selbstverständlichen Weltbildes einer Gesellschaft, das Menschen unterschiedliche Wertigkeiten zuspricht, können Angehörige der dominanten Mehrheit sie häufig nicht als abwertend und diskriminierend erkennen. Dies verhindert den kritischen Umgang mit Kinderbüchern, wie die Auseinandersetzung um »Kinderbuchklassiker« wie »Pippi Langstrumpf«, »Die kleine Hexe« oder »Lukas der Lokomotivführer« zeigt.

In vielen Stellungnahmen wurde das Ansinnen, diskriminierende und abwertende Bezeichnungen in den Büchern sprachlich zu überarbeiten, vehement abgelehnt. Die Perspektiven der Menschen, die Veränderungen einforderten, weil sie sich von den diskriminierenden Darstellungen abgewertet sehen oder sie Kindern nicht vermitteln wollen, wurden ignoriert. Kritik daran, dass die stete Verwendung rassistischer Bezeichnungen wie die des N-Worts[55] Diskriminierung aufrechterhält, wurde als übertrieben abgewehrt. Das verstärkte den Seelenschmerz, den diskriminierende Zuschreibungen auslösen.

Bauch- und Seelenschmerzen

»Ich hatte viele Bauchschmerzen und noch mehr Seelenschmerz als Kind. Weil ich als Schwarzes Kind in diesem Land aufwuchs, musste ich mir das schlimme Wort[56] und seine Verwandten (einer davon wurde sogar mein ‚Kosename‘) wieder und wieder anhören. Ich habe erfahren, dass viele Erwachsene mich dann gut behandeln, wenn ich ihrem Bild, das mit dem schlimmen Wort verbunden war, entsprochen habe. Es gab da zwei vorherrschende Varianten: entweder ein bisschen dumm und ganz demütig oder immer lustig – und auch ganz demütig. Wer und wie ich wirklich war, das sollte ich lieber nicht zeigen.

Bei vielen beliebten Klassikern der Jugendliteratur habe ich mich elend gefühlt. Ich wusste, dass meine eigenen Vorfahren Könige und Königinnen jenes Landes gewesen waren, bevor ihm der Vater eines gewissen Mädchens mit roten Zöpfen Königtum und Menschenwürde entrissen hatte. Ich verstand schnell, dass selbst mein bestes und reinstes Deutsch mich nicht davor bewahren würde, in jenem Kauderwelsch angesprochen zu werden, das diesem kleinen Jungen, der ein Lokomotivführer werden wollte, in den Mund gedichtet worden war.«[57]

---

55 N-Wort: Rassistische Bezeichnung für Schwarze
56 Die Verfasserin bezieht sich auf das N-Wort.
57 Della/Rosentreter 2014, 36f.

Die »Anderen« bei Pippi Langstrumpf[58]

Pippi Langstrumpf repräsentiert für Generationen von Frauen Emanzipation, Selbstständigkeit und Stärke. Sie ist ein starkes, selbstbewusstes Mädchen, das seine Pläne verwirklicht und gegen das Böse kämpft. Pippi ist finanziell unabhängig, kommt gut ohne Erwachsene aus und sagt, was sie denkt. Sie ist stark, weil sie sich als Kind dem Druck der Mächtigen nicht unterwirft. Die Maßregelungs- und Unterdrückungsversuche der Erwachsenen lässt sie ins Leere laufen indem sie sie austrickst. Das gilt aber nicht für das Machtverhältnis zwischen Weißen und Schwarzen.

Ein Beispiel: Pippis Vater kam zu Reichtum, weil er N-König wurde. Wieso ausgerechnet er als ein Weißer der König von Schwarzen Menschen wurde, wird nicht erklärt. War das möglicherweise nicht erklärungsbedürftig, als Astrid Lindgren den Text schrieb, weil dieses Machtverhältnis in den Kolonien westlicher Länder den Alltag bestimmte? Weil es der akzeptierten »Ordnung« entsprach, dass Weiße über Schwarze herrschten? Wird diese »Ordnung« unverändert reproduziert, vermittelt das heutigen Kindern: Weiße sind reich und klug, Schwarze sind arm und dumm.

In den Pippi-Geschichten finden sich diskriminierende Bezeichnungen und stereotype Darstellungen der Menschen[59], denen Pippi begegnet oder über die sie aufschneiderische Geschichten mit »lustigen Pointen« erzählt. Wie werden die »Fremden« dargestellt? Sie sind explizit anders, eigentümlich, fremdartig, keine Europäer. Gleichzeitig sind sie rückständig und unterlegen, was Pippis herablassend-überheblicher Erzählton vermittelt:

> »Nee, sagte Pippi, es gibt keinen Menschen, der so große Ohren hat. Das wäre ja komisch. Wie würde das aussehen? Man kann nicht so große Ohren haben. Wenigstens nicht hier in diesem Land«, fügte sie nach einer gedankenvollen Pause hinzu. »In China ist das ja etwas anderes. Ich sah einmal in Shanghai einen Chinesen. Seine Ohren waren so groß, dass er sie als Pelerine benutzen konnte.«
>
> »Ich will euch sagen, dass es in Nicaragua keinen einzigen Menschen gibt, der die Wahrheit sagt. Sie lügen den ganzen Tag. Sie fangen früh um sieben an und hören nicht eher auf, als bis die Sonne untergegangen ist. Wenn es also passieren sollte, dass ich mal lüge, so müsst ihr versuchen, mir zu verzeihen und daran zu denken, dass es nur daran liegt, dass ich etwas zu lange in Nicaragua war. Wir können wohl trotzdem Freunde sein, nicht wahr?«

---

58 Bordo, 2014
59 Vgl. auch Eggers, 2008 und 2014

»Wenn das Loch ganz durchgeht, kriegen die ‚N‘ und ‚I‘[60] auf der anderen Seite der Erde auch mal anständige Medizin zu trinken. Und wer weiß, vielleicht haben sie Blut im Bauch oder einen verdorbenen Magen oder die Haaren fallen ihnen aus, und sie können sich nicht mehr gegenseitig skalpieren. Sie werden sich freuen.«

»Ob ich in Ägypten war? Ja, da kannst du Gift drauf nehmen! Ich war überall auf dem ganzen Erdball und habe noch viel komischere Sachen gesehen als Leute, die rückwärts gehen. Ich möchte wissen, was du gesagt hättest, wenn ich auf den Händen gegangen wäre wie die Leute in Hinterindien.«

Das Stilmittel der Übertreibung macht die Komik der Beispiele aus, über die sich auch Kinder amüsieren. Allerdings nicht alle Kinder, denn das in Beispielen transportierte koloniale Weltbild festigt die Vorstellung, Weiße seien überlegen. Dies geschieht subtil: Amüsiert man sich über die Übertreibungen von Pippi, akzeptiert man sie. Dabei identifiziert man sich unweigerlich mit den Weißen. Man lacht auf Kosten der »Fremden«, deren Perspektiven unerwähnt bleiben, und man möchte nicht so sein wie sie. Nimmt man dieses Weltbild unkritisch auf, verinnerlicht man Dominanz und Unterdrückung: »Bei Büchern geht es um die Weitergabe und die Vermittlung von Bildern, Inhalten, gesellschaftlichen Werten und Normen sowie um die Reproduktion von vermeintlich richtigem Wissen. Die unkritische Weitergabe, das heißt, die Weitergabe von Begriffen und Erzählungen ohne Auseinandersetzung damit, verwehrt den zuhörenden oder zuschauenden Kindern die Möglichkeit, sich selbst kritisch mit Diskriminierungen, Ungleichheiten oder Vorurteilen auseinanderzusetzen. Die Inhalte und Bilder, bis hin zu den darin vermittelten Werten und Normen, werden verinnerlicht und als wahr weitergegeben. So entsteht ‚falsches Wissen‘.«[61]

Indem sich Kinder mit Pippi identifizieren, akzeptieren sie das »falsche Wissen«. Aus diesem Grund ist das unkritische Vorlesen der Pippi-Geschichten für junge Kinder problematisch.

»Durch ein kritisches Miteinander-Anschauen, -Lesen, Sich-Beschäftigen entsteht die Möglichkeit, Verinnerlichtes mit Neuem abzugleichen. Alternative Erzählungen, Geschichten, Spiele, Filme und Lieder, die Differenzen als Selbstverständlichkeit darstellen, ohne dass Klischees bedient werden oder Ungleichbehandlung als ‚normal‘ weitergegeben wird, ermöglichen eine kompetente, bewusste Auseinandersetzung mit dem sogenannten Anderen.«[62]

---

60 Statt des diskriminierenden Begriffs »Indianer« wird das Kürzel »I« verwendet, um Diskriminierung nicht zu reproduzieren. Die sachlich korrekte Bezeichnung wäre Erstbewohnerinnen und Erstbewohner Amerikas oder First Nations oder Pueblos originarios der Abya-Yala.
61 Bordo 2014
62 Ebd.

Auch in Kitas sind Kinderbücher zu finden, die Vorurteile verstärken, indem sie stereotype Bilder und einseitige Botschaften vermitteln. Sich kritisch mit dem vorhandenen Bestand an Büchern auseinanderzusetzen, heißt auch, liebgewonnene, »schon immer gern gelesene« Bücher einzubeziehen und zu überprüfen, welche Botschaften sie vermitteln, ob man damit einverstanden ist und, falls nicht, sie auszusortieren. Das kann schwer fallen oder Widerstand hervorrufen, weil man die Geschichten mag oder viel mit ihnen verbindet. Es ist dennoch unabdingbar, wenn es gelingen soll, eine Lernumgebung zu gestalten, die es allen Kindern ermöglicht, sich sicher, wohl und zugehörig zu fühlen.

Der Zugang zu guten Büchern ist auch eine Frage des Budgets. Da Bücher teuer sind, erliegt man leicht der Versuchung, sie zu »schonen« und gesondert aufzubewahren. Damit erschwert man den Kindern den selbstständigen Zugriff. Hinzu kommt: Kinder, die zu Hause keine Bücher haben, finden auch in der Kita keinen Zugang zur Literatur, wenn die Bücher schwer zugänglich, in schlechtem Zustand oder uninteressant sind. Der Zugang zu Büchern aber beeinflusst Bildungschancen. Ihn allen Kindern zu ermöglichen, das ist eine Frage sozialer Gerechtigkeit und eine Aufgabe inklusiver frühpädagogischer Bildung.[64]

Ilka Wagner und Ulla Lindemann: Das ist mein Lieblingsbuch

Ilka Wagner, Erzieherin in der Berliner Europa-Kita Reichenberger Straße, berichtet Ulla Lindemann, wie es ihr, Abdullah Özdemir und Selma Şentürk gelingt, allen Kindern Zugang zu Büchern zu ermöglichen:

Wir haben viele Bücher, unter anderem aus den Kinderwelten-Bücherkisten. Schon vor Jahren führten wir regelmäßige Lesetage ein, an denen wir und eine ehrenamtliche Mitarbeiterin Bücher vorlesen. Dabei nahmen wir große Unterschiede zwischen den Kindern wahr

---

63 Entwickelt von der Fachstelle Kinderwelten. Die Kriterien sind Grundlage für Buchempfehlungen.
64 Wagner 2003, 3

und überlegten, wie wir mehr Kindern für Bücher begeistern können, besonders diejenigen, von denen wir wissen, dass sie zu Hause nicht viele Bücher haben und erst beginnen, sich mit Geschichten und Bildern zu beschäftigen. Eines Tages kamen wir auf die Idee mit den »Lieblingsbüchern«. Wir stellten uns vor: Wenn die Kinder sich für jeweils vier bis sechs Wochen ein Buch aussuchen, mit dem sie sich eingehend beschäftigen, lernen sie im Laufe des Jahres mehrere Bücher kennen, und sicherlich ist eins darunter, über das sie gern sprechen würden, weil es ihnen besonders gefällt. Seither haben sich die Lesetage verändert: Aus dem großen Bücherregal suchen sich die Kinder etwas aus. Manche wissen gleich, welches Buch sie nehmen wollen. Anderen fällt es schwer. Dann helfen wir bei der Suche, so dass am Ende jedes Kind »sein« Buch hat. Auf die Deckel kleben die Kinder kleine Zettel mit ihren Namen, die sie selbst schreiben. In den Lesegruppen versuchen wir, möglichst viele der ausgewählten Bücher vorzulesen. Oft schauen die Kinder sich die Bilder an, malen zu ihnen Geschichten oder spielen sie nach. Um mit ihnen ins Gespräch zu kommen, stellen wir ihnen folgende Fragen:

- Welches Buch hast du dir ausgesucht?
- Wer kommt darin vor?
- Was ist passiert?
- Welche Seite findest du am schönsten?
- Was hat dir am besten gefallen?

Zu Weihnachten und zum Geburtstag verschenken wir Bücher. Merken wir, dass ein Kind ein bestimmtes Buch besonders mag, kaufen wir es ihm und machen ihm damit eine große Freude. Manchmal kommt es vor, dass ein Kind sagt: »Das ist mein Buch, das darfst du nicht nehmen.« Dann klären wir: Auch die Lieblingsbücher dürfen von anderen Kindern angeschaut werden. Aber das muss man miteinander absprechen.

Eines Tages erzählte eine Mutter, dass sie mit ihrem Kind gern Bücher aus der Bücherei ausleihen würde, sich damit aber nicht auskenne. Als ich vorschlug, sie in die Bibliothek zu begleiten, schlossen sich noch einige andere Mütter mit ihren Kindern an. Später waren wir mit den Kindern auch in dem Buchladen, aus dem die Bücher in den Kinderwelten-Bücherkisten[65] stammen, und ich kam auf die Idee, dass die Kinder persönliche Bücherkisten haben könnten.

---

65 Dabei handelt es sich um Bücherkisten mit zirka 30 bis 40 Titeln, die Kitas empfohlen werden und in Berlin ausleihbar sind. Es gibt Kisten für drei Altersstufen: Kinder bis zu drei Jahren, Kinder von drei bis sechs Jahren, Grundschulkinder von sechs bis neun Jahren.

Mit Tamer begann es: Er fand sein Lieblingsbuch so interessant, dass ich es oft in der Kita vorlesen musste. Die Geschichte vom blauen Kaninchen, das ein Zuhause sucht, ließ sich gut »in eine Kiste« packen. Wir suchten im Gruppenraum und im ganzen Haus Dinge, die in dem Buch vorkommen: eine Gans, ein blaues Plastikschälchen als See, ein Hund, Holzbausteine für die Hundehütte, ein Dach aus Papier, Bäume aus Duplo-Steinen, ein Bär und eine Höhle, die wir aus Papier bauten. Das Kaninchen und das Fahrrad kopierten wir aus dem Buch und laminierten die Bilder. Zur Bücherkiste wurde ein Schuhkarton, auf den wir eine

Farbkopie der Titelseite des Buches klebten. In den Deckel des Kartons kam die Rückseite, damit die Eltern wissen, wovon die Geschichte handelt.

Tamer ist ein eher ruhiges Kind, das nicht viel spricht. Doch seine Bücherkiste hatte es ihm angetan: Jeden Tag holte er sie hervor, stellte die Gegenstände auf und erzählte seine Version der Geschichte vom blauen Kaninchen – manchmal so ähnlich wie im Buch, manchmal erfand er etwas Neues. Oft saßen Kinder um ihn herum, hörten ihm zu, und schließlich wollten auch sie Kisten für ihre Lieblingsbücher. Für die Kinder und uns Erwachsene war das eine interessante und intensive Arbeit, bei der es viel zu lachen gab: Für sein Buch »Muss mal Pipi« besorgte Eren eine Rolle Klopapier und die Windel eines Krippenkindes. Am schönsten war, dass die Kinder viel erzählten. Das bewirkte die Verbindung des Lieblingsbuchs mit den Gegenständen, die es jedem Kind ermöglichte, seinen eigenen sprachlichen und gestalterischen Weg zu finden.

Schließlich luden wir die Eltern zu einer Bücherkisten-Ausstellung ein. Viele kamen, um sich von ihren Kindern die »Geschichten aus der Kiste« erzählen zu lassen[66]. Danach stellten wir die Kartons mit den Lieblingsbüchern in den Flur, wo es auch eine Sitzecke gibt: Platz zum Erzählen und Zuhören.

Weil wir es ermöglichen wollten, die Bücher auszuleihen, fertigten wir mit den Kindern Büchertaschen an, auf denen das Wort »Buch« in verschiedenen Sprachen steht und in die jeweils ein Buch passt. Bevor sie die Taschen mit nach Hause nehmen, tragen die Eltern sich in eine Liste ein, so dass wir den Überblick behalten und gegebenenfalls an die Rückgabe erinnern können. Alle Bücher werden zeitnah und in gutem Zustand zurückgegeben.

Außerdem baten wir die Eltern, Bücher in der Gruppe vorzulesen. Die Kinder freuten sich über diese Idee und verliehen ihr Nachdruck, so dass viele Eltern, vor allem Mütter, gern kamen. Von Vorteil war, dass wir viele Bücher in den Familiensprachen der Kinder haben, so dass die Eltern in der Sprache vorlesen konnten, die sie bevorzugen. Sie konnten ihre sprachlichen Kompetenzen einsetzen und bereicherten so die Vielfalt des Kita-Alltags. Zweisprachige Bücher lasen wir mit den Eltern gemeinsam in beiden Sprachen vor, was deren Kinder besonders erfreute. Nach dem Vorlesen interviewten wir Mutter oder Vater und Kind, um etwas über ihre Eindrücke zu erfahren. Diese Aussagen wurden mit einem Foto der Vorlese-Situation an der Info-Wand ausgehängt.

---

66 Im Buch „Zusammenarbeit mit Eltern" wird ein Elternabend dieser Gruppe zum Thema „Geschichten, Lesen, Bücher" beschrieben, bei dem es den Erzieher_innen darauf ankam, dass alle Eltern zu Wort kommen.

Interview mit Asena, Mutter

Was fiel dir beim Vorlesen auf?
Ich war erstaunt, dass ich so viele Bücher vorlesen konnte.

Haben die Kinder zugehört?
Acht Kinder haben aufmerksam zugehört. Wir haben auch über die Bücher gesprochen.

Wie reagierte dein Kind?
Melek hat sich sehr gefreut.

Interview mit Melek, Tochter

Wie viele Bücher hat deine Mama vorgelesen?
Vier oder hundert Stück. Ganz viele.

Welche Bücher?
»Peter und der Wolf« und »Lola«. Das ist mein Lieblingsbuch. Sie hat auch das »Monsterbuch« von Jens vorgelesen.

Wie war das?
Schön!

Interview mit Fatma, Mutter

Was fiel dir beim Vorlesen auf?
Mich hat beeindruckt, wie sehr die Kinder sich am Lesen und Erzählen erfreut haben.

Haben die Kinder zugehört?
Außer einem Kind haben alle zugehört.

Wie reagierte dein Kind?
Mein Kind war glücklich.

Interview mit Yunus, Sohn

In welcher Sprache war das Buch, das deine Mama vorgelesen hat? Deutsch? Englisch? Weiß ich nicht mehr.

In welcher Sprache soll sie nächstes Mal vorlesen? – Wie spricht meine Mama? – Türkisch. – Türkisch!

Wie war das, als deine Mama hier war? – Gut. Meine Mama! Sie hat leise gelesen.

Interview mit Can, Vater

Was fiel dir beim Vorlesen auf?
Was ich vorgelesen hatte, haben die Kinder nachgespielt.

Haben die Kinder zugehört?
Tahira und die anderen Kinder haben zugehört.

Wie reagierte dein Kind?
Tahira war stolz und hat sich gefreut.

Interview mit Tahira, Tochter

Welches Buch hat dein Papa vorgelesen?
»Besenmann und Brillenmann«.

Wie hat dein Papa vorgelesen?
Gut. Im spitzen Zimmer.

Was soll er beim nächsten Mal vorlesen? – »Mutig, mutig« und »Flugzeuge«.

Wir hatten den Eindruck, dass die Eltern sich beim Vorlesen kompetent und von uns ernst genommen fühlten. Sie waren stolz, auf Augenhöhe mit uns etwas zur Lesebildung der Kinder beitragen zu können. Alle Kinder waren glücklich, dass ihre Eltern in der Kita vorlasen. Das war deutlich zu sehen.

Mein Resümee: Viele Kinder identifizierten sich mit ihren Lieblingsbüchern. Jedes Kind kam in den Genuss, mit seinem Lieblingsbuch im Mittelpunkt zu stehen. Im Laufe der Zeit zeigte sich: Wir haben erreicht, dass alle Kinder deutlich mehr Freude an Büchern haben. Gemeinsam mit den Kindern gelang es uns, dass die Eltern Bücher ausleihen und vorlesen. Der Vater von Tamer berichtete: »Gestern musste ich meinem Sohn unbedingt das Buch vom blauen Kaninchen vorlesen. Erst wollte ich nicht, weil ich müde von der Arbeit war, aber dann war es sehr schön für uns beide.« Eine Mutter erzählte: »Das ganze Wochenende haben wir das Buch gelesen, ich kann es schon fast auswendig.« Die Mutter von Handan fragte: »Können wir noch andere Bücher ausleihen? Handans Geschwister wollen ihr vorlesen.« Wir hätten nicht gedacht, dass es so leicht ist, die Eltern einzubeziehen – auch Mütter und Väter, die bisher wenig Umgang mit Büchern hatten. Es zeigte sich, dass wir mehr Bücher in verschiedenen Sprachen brauchen, damit alle Eltern die Möglichkeit haben, in ihren Familiensprachen vorzulesen. Wir finden es gut, dass die Kinder das Vorlesen inzwischen einfordern, und versuchen, uns im Alltag immer wieder Zeit dafür zu nehmen. An unserem »Lesetag« werden wir festhalten.

Eine weitere Möglichkeit, Kindern Bücher zugänglich zu machen, ist es, sie mit ihnen selbst herzustellen, zum Beispiel Bücher über gemeinsame Erlebnisse, Unternehmungen oder Geschichten, die Kinder sich ausdenken. Wir versehen diese Bücher mit Fotos und Begleittexten, die in die Sprachen der Kinder und ihrer Familien übersetzt werden. Denkbar sind auch »Ich-Bücher« mit Informationen zu jedem Kind.[67] Dabei erleben die Kinder, dass Bücher von Menschen gemacht werden – in diesem Fall sogar von ihnen selbst. Diese Erfahrung kann ihnen dazu verhelfen, als Leserin und Leser künftig kritisch an Bücher heranzugehen und nicht alles zu akzeptieren, was ihnen Erwachsene in die Hände legen.

---

67 Siehe Kap. 1: Das bin ich - Das Kind in der Lernumgebung

Reflexionsfragen

- Achten wir bei der Materialauswahl darauf, dass Aspekte der sozialen Wirklichkeit aller Kinder – Wohnverhältnisse, Tätigkeiten der Erwachsenen, Kleidung, Freizeit- und Feriengestaltung, Feste und Rituale – in Büchern, auf Bildern, bei Spielmaterialien und Verkleidungen vorkommen? (1.3.2.)
- Erweitern wir Spielmaterialien, Bücher und Ausstattung kontinuierlich um Facetten von Vielfalt – äußere Merkmale, Lebensverhältnisse, Familienkonstellationen und Familienkulturen –, die in ihrer Gruppe vorhanden sind? (2.1.1.)
- Überprüfen wir die Spielmaterialien, Bücher, Bilder und die Wandgestaltung daraufhin, welche Gruppen von Menschen einseitig als machtvoll, handlungsfähig, reich und glücklich dargestellt sind? (3.1.3.)
- Sortieren wir Materialien aus, die Kindern eine stereotype, einseitige oder falsche Botschaft über Menschen vermitteln, um sie mit den Kindern zu besprechen? (3.2.1.)
- Achten wir bei der Wahl der Bücher auf Geschichten, die zeigen, wie Kinder sich gegen Diskriminierung und Ungerechtigkeit wehren? (4.1.3.)

5. So ist es bei mir und so bei dir – Zum Vergleichen anregen

Alle Kinder sind gleich – im Hinblick auf ihre Rechte. Doch ihre Lebensverhältnisse und ihre Art, sich die Welt zu erschließen, unterscheiden sich voneinander. In einer inklusiven Lernumgebung zeigt sich, was die Kinder verbindet und was sie unterscheidet. Dies erfordert einen geschulten Blick der Fachkräfte für Unterschiede. Diversitätsbewusstsein und Diskriminierungskritik sind Schlüsselqualifikationen auf dem Weg zu einer inklusiven Praxis[68], die Kindern ein neues Verständnis von Normalität ermöglicht und sie erfahren lässt: Es ist normal, dass wir verschieden sind. Werden alle Kinder mit ihren jeweils individuellen Identitätsmerkmalen sichtbar, dann wird die Lernumgebung zu einem Spiegel der Gemeinsamkeiten und Unterschiede der Kinder und eröffnet ein Feld für Entdeckungen. Es bieten sich zahlreiche Möglichkeiten, um die Kinder zum Vergleichen und zur Beschäftigung mit dem anzuregen, worin sie sich ähneln und worin sie sich unterscheiden. Vergleichen wird häufig mit Messen und Bewerten in Verbindung gebracht: Wer ist schneller, größer, weiter? Diese Frage kennzeichnet Wettkampf und Wettbewerb. Die Leistungen von Menschen werden verglichen. Vorn rangiert die beste Leistung, die schlechteste befindet sich am Ende der Skala. Es gibt Gewinner und Verlierer. Vergleiche dieser Art kennzeichnen die kapitalistische Leistungsgesellschaft und durchdringen alle Bereiche des gesellschaftlichen Lebens.

Auch die Entwicklung von Kindern unterliegt frühen Leistungsvergleichen. Sie werden in Tabellen zur kindlichen »Normalentwicklung« festgehalten und von Eltern aufgegriffen, die ihrerseits unter Leistungsdruck stehen, weil sie für die Entwicklungsergebnisse ihrer Kinder verantwortlich gemacht werden. Remo Largo publiziert seit Jahren gegen den »Förderwahn«[69], der dadurch entsteht, und plädiert nachdrücklich dafür, die Vielfalt kindlicher Entwicklung anzuerkennen. Pestalozzi schrieb bereits 1790: »Ich vergleiche nie ein Kind mit einem anderen, sondern immer nur jedes Kind mit ihm selbst.«[70] Beim Vergleich der Identitätsmerkmale von Kindern geht es nicht um den Leistungsvergleich, denn es gibt kein »besser« oder »schlechter«. Bezugspunkt ist der Mensch, und Menschen haben grundsätzlich mehr Gemeinsames als Trennendes.

---

68 Vgl. Sulzer/Wagner 2011, 26
69 Largo 2015
70 Pestalozzi 1790

Die Verschiedenheit menschlicher Merkmale gleicht einem Fächer: Jedes Fächersegment ist eine Variation, die gleichwürdig neben einer anderen steht. Manche Menschen haben langes Haar, manche kurzes, gelocktes, glattes oder keine Haare. Manche Menschen haben dunkle Haut, manche helle. Das Gleiche gilt für Aspekte der Familienkultur: Manche Familien glauben an eine höhere Instanz, die sie Gott, Allah, Jahwe oder anders nennen, andere Familien leben ohne Glauben an eine solche Instanz. Alle Menschen essen – und wie sie es tun, das ist verschieden.

Während Identitätsmerkmale nicht bewertet werden, kann man Handlungsweisen oder Verhältnisse im Hinblick auf bestimmte moralische Grundwerte einordnen. Legt man Gerechtigkeit und Fairness als Maßstab an, sind manche Handlungen fairer als andere, und bestimmte Verhältnisse dienen dem Wohl von Menschen besser als andere.

Bei der Bewertung dieser Unterschiede müssen die Bewertungsmaßstäbe benannt werden, auch in den Aushandlungen mit Kindern: Es ist ungerecht, dass manche Menschen wenig Geld verdienen, arm bleiben, obwohl sie hart arbeiten, und ihren Kindern kein Fahrrad kaufen können, weshalb die Kinder nicht Fahrradfahren lernen können. Jemanden zu beleidigen oder zu hänseln ist gemein, weil es den Schwächeren demütigt und noch schwächer macht. Wer Kindern hilft, die gehänselt werden, verdient Anerkennung.

Das respektvolle Vergleichen von Identitätsmerkmalen, ohne sie zu bewerten, dient der Positionierung gegen Unrecht und für Fairness. Dies gehört zu den Kompetenzen pädagogischer Fachkräfte, die eine inklusive Praxis anstreben. Damit Kinder sich über die in ihrem Umfeld vorhandene Vielfalt austauschen können, muss sie erfassbar dargestellt werden. Wie dies mit kleinen Veränderungen in der Lernumgebung erreicht werden kann, beschreibt das folgende Beispiel.

Mahdokht Ansari: Alle Kinder im Boot

Auf der Suche nach Spuren der Kinder in der Kita »Hoppetosse« in Berlin-Lichtenberg stellt das Team fest, dass die Fotos und Namen der Kinder bereits an vielen Stellen sichtbar sind: an den Eigentums- und Garderobenfächern, an den Handtuchhaltern und auf den Sprachlerntagebüchern.

Nach einer Raumanalyse fällt auf, dass es im Eingangsbereich der Kita zwar Fotos der Erzieherinnen und Erzieher gibt, die Kinder dort jedoch nicht auftauchen. Der große Eingangsbereich ist der einzige gemeinsame Raum, in dem sich alle Kinder und Erwachsenen jeden Tag kurz aufhalten. Gästen vermittelt er den ersten Eindruck von der Kita. Also sollten auch die Kinder hier sichtbar werden. Im Eingangsbereich steht ein Boot mit einem großen weißen Segel, ein Anziehungspunkt für Klein und Groß. Die Idee: Das Segel könnte mit Fotos der Kinder bestückt werden! Also werden Bilder aller Kinder zusammengesucht, mit Namen beschriftet und auf dem Segel befestigt. Danach treffen sich Kinder und Erwachsenen im Eingangsbereich, um sich das bunte Segel anzuschauen. Was für eine Überraschung!

Auch die Eltern sind überrascht: »Das ist ja eine tolle Idee!« Nun stehen sie beim Abholen und Bringen ihrer Kinder oft vor dem Segelboot, kommen miteinander ins Gespräch und freuen sich, wenn die Kinder sagen: »Das bin ich, schau mal!« Oder: »Da ist mein Freund!« Das sagen die Eltern: »Ich bin gerührt, wie wichtig es meiner Tochter ist, ihren Freund Emil auf dem Segel zu sehen. Wir stehen oft davor und schauen uns das Segelboot an. Sie zeigt mir die Kinder und möchte, dass ich ihr die Vornamen vorlese. Sind es Kinder, die gleiche Vornamen haben, weiß sie deren Nachnamen inzwischen: Max Weber, Max Kühne. Und ich weiß, von wem sie spricht, weil ich jetzt Namen mit Gesichtern verbinden kann.« »Ich bin froh, dass meine Tochter, die in der Krippe ist, gesehen wird und nicht in der Vielzahl der Kinder untergeht.«

Silvia Schäfstoß und Mahdokht Ansari: Wie sehe ich aus? Wie siehst du aus?

Wie Kinder zur Auseinandersetzung mit den eigenen äußeren Merkmalen und dem Vergleich mit Merkmalen anderer Kinder angeregt werden können, berichtet Silvia Schäfstoß, Erzieherin im evangelischen Stöckach Kindergarten in Stuttgart, in einem Gespräch mit Mahdokht Ansari:

Um die Kinder zur bewussten Auseinandersetzung mit der Vielfalt in der Gruppe anzuregen, plante ich zunächst, das Aussehen in den Blick zu nehmen. Genaues Betrachten ihrer Gesichter im Spiegel, das sachlich korrekte Benennen der Körperteile, der Augen- und Haarfarbe, der Hautfarbe sowie Wiegen und Messen waren der Einstieg in dieses Thema, das ich in kleinen Gruppen von je fünf Kindern einführte.

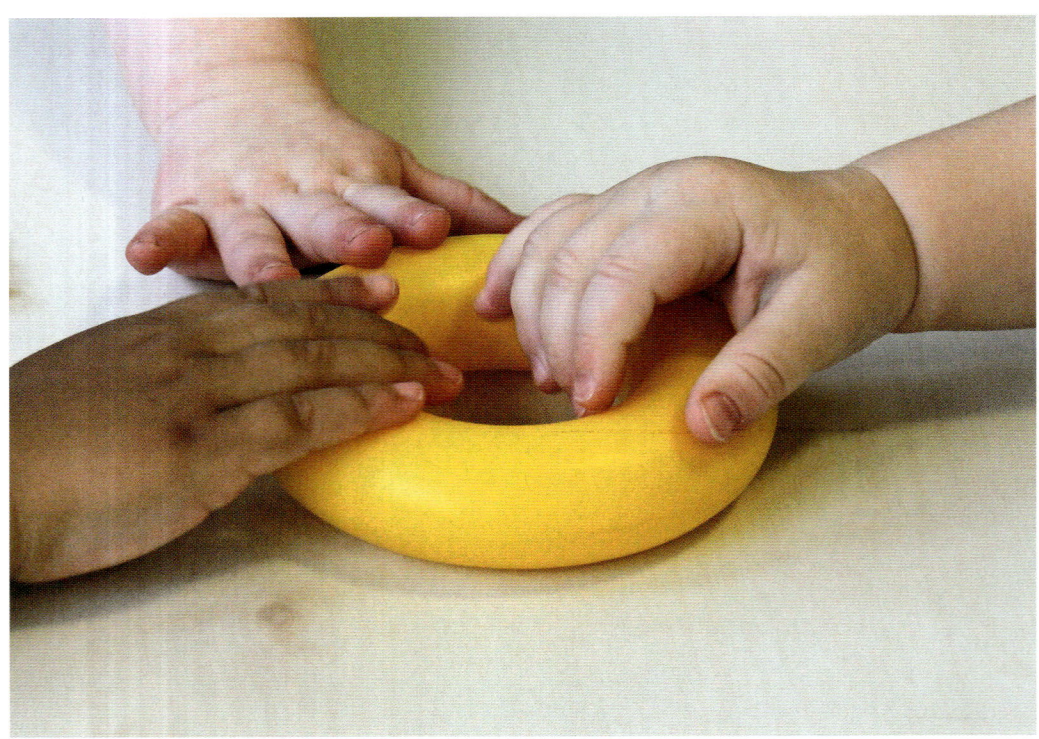

Zuerst beschrieb ich den Kindern mein Aussehen: »Ich habe hellbraune Haare, die halblang sind, und braungrüne Augen. Ich habe eine Nase und einen Mund. Mein Kopf ist rund.« Während ich sprach, sah ich in einen Spiegel. Danach reichte ich den Spiegel dem Kind neben mir und fragte, ob es uns auch sagen will, wie es aussieht. So ging es weiter von Kind zu Kind. Fiel es einem Kind schwer, sich zu äußern, ließ es sich von anderen Kindern helfen. Wir wiederholten diese Gespräche und gingen dabei immer differenzierter auf unser Aussehen ein. Zum Beispiel stellten wir fest: Neben meiner Nase ist ein roter Fleck, und in den Augen eines Kindes sind kleine Pünktchen. Später schlug ich den Kindern ein Spiel vor: Ich nenne sie nicht beim Namen, wenn ich ihnen etwas sagen möchte, sondern beschreibe sie. Zum Beispiel: Jetzt ist der Junge mit den schwarzen kurzen Haaren und den braunen Augen, der vier Jahre alt ist, an der Reihe. Erkannte sich ein Kind in der Beschreibung, war das nächste dran. Wenn nicht, halfen wir dem Kind mit der Beschreibung weiterer Merkmale. Dieses Spiel ermöglichte es den Kindern, sich mit den eigenen äußeren Merkmalen zu identifizieren, die Merkmale der anderen kennenzulernen und von den eigenen zu unterscheiden. Dabei legten wir Wert auf sachlich korrekte Beschreibungen. Alle Äußerungen der Kinder über ihre Merkmale notierte ich für die »Ich-Seiten« in den Portfolios.

Im Spiel verglichen sich einige Kinder miteinander: »Ich habe die gleiche Haarfarbe wie du, nur längere Haare.« Ein Mädchen sagte zu einem anderen: »Du siehst aus wie ein Junge, weil du so kurze Haare hast.« Der Vergleich zeigte, dass die Haarlänge bei Jungen und Mädchen unterschiedlich ist, aber dass auch Mädchen kurze Haare haben. Ein anderes Mädchen fragte mich: »Warum hast du so viele Punkte im Gesicht? Bist du schon alt?«

Nach der Beschäftigung mit dem jeweils eigenen Aussehen begannen wir, uns mit Unterschieden zu befassen. Zwei Kinder legten ihre Hände nebeneinander, und wir betrachteten beide Hände genau. Danach spannte ich ein Tuch mit zwei Löchern mitten im Raum auf. Die Hälfte der Kinder ging hinter das Tuch, die andere Hälfte setzte sich im Halbkreis davor. Ein Kind nach dem anderen streckte seine Hände durch die Löcher im Tuch, und die anderen versuchten zu erraten, wessen Hände sie sehen. Die Kinder merkten: Jede Hand hat fünf Finger, darin sind alle Hände gleich. Trotzdem ist jede Hand anders. Sie unterscheiden sich: nach Größe, Breite, Hautfarbe, Form der Fingernägel... Das inspirierte die Kinder zu weiteren Fragen: Wir haben alle Zähne im Mund, aber haben alle Kinder gleich viele? Haben alle Zähne die gleiche Farbe?

Silvia Schäfstoß und Mahdokht Ansari:
Das Hüte-Poster

Weil wir davon überzeugt sind, dass sich jedes Kind mit seinen Merkmalen und Besonderheiten in der Kita wohl und zugehörig fühlen soll, und es als unsere Aufgabe verstehen, mit Kindern über ihre Vielfaltsaspekte zu sprechen, ließen wir uns von einem Poster aus Südafrika anregen, das Kinder mit unterschiedlichen Hüten zeigt[71]. Ich schlug vor, ein eigenes Hüte-Poster zu gestalten, denn fast alle Kinder verkleiden sich gern.

Jedes Kind fotografierte ich in drei selbst gewählten Verkleidungen, damit die Kinder merken, wie unterschiedlich der gleiche Mensch aussehen kann. In Kleingruppen stellten die Kinder ihre Outfits zusammen. Einige hatten sofort genaue Vorstellungen, wie sie aussehen wollten. Andere ließen sich von Freund oder Freundin inspirieren. Manche wählten nur einen Hut aus, andere viele Utensilien. Aus den Fotos entstand ein Poster, das ich an der Tür des Gruppenraums anbrachte. Es trug die Überschrift: »Wir sind alle gleich – jede und jeder ist besonders«. Den Eltern fiel das Poster sofort auf. Sie blieben davor stehen, betrachteten es und fragten: »Warum haben Sie die Kinder so fotografiert? Hatte sich mein Kind selbst ausgesucht, was es anziehen wollte?«

Später hängten wir das Poster auf Augenhöhe der Kinder im Gruppenraum auf. Immer wieder standen Mädchen und Jungen davor, amüsierten sich über die Kopfbedeckungen und anderen Utensilien, aber ohne sich übereinander lustig zu machen.

Seit fünf Jahren hängt das Poster nun in unserem Zimmer. Immer wieder schauen neue Eltern und Kindern es an, obwohl diejenigen, die darauf zu sehen sind, schon in der Schule sind, und sagen: »Guck mal, das ist Irini, die wohnt neben uns. Sie hat einen Glitzerhut auf dem Kopf.« Oder: »Wer gefällt dir am besten?« Nach wie vor bietet das Poster Anlass zum Austausch. Für unser aktuelles Projekt nahm ich das Poster des Kinderwelten-Familienspiels als Anregung und fügte Fotos der Familien und Kinder unserer Gruppe ein. Wieder stehen Eltern und Kinder davor, suchen ihre Konterfeis und freuen sich darüber.

---

71 Hüte-Poster »Celebrating our differences & similarities«. ELRU/Südafrika (Early Learning Resource Unit), www.elru.co.za

Nicole Schlodowitzki und Ulla Lindemann: Wer hat ein Kuscheltuch?

Eine weitere Methode der vorurteilsbewussten Bildung und Erziehung ist die Arbeit mit Persona Dolls.[72] Da sie Kinder mit verschiedenen Identitätsmerkmalen und Familienkulturen repräsentieren, erweitert die Begegnung mit ihnen den Wissenshorizont, und Kinder können bisher Geglaubtes in Frage stellen. Sie entwickeln Empathie und bekommen die Möglichkeit, ihre Gefühle oder Erlebnisse auszudrücken[73]. Die Erzieherin Nicole Schlodowitzki aus der Kita »Regenbogen« in Jena berichtet im Gespräch mit Ulla Lindemann, wie sie die Persona Doll Lisa einsetzt. Sie ist davon überzeugt, dass diese Methode sich auch für die Arbeit mit den Jüngsten eignet, weil die Puppe sie anregt, Gemeinsamkeiten und Unterschiede wahrzunehmen:

Die Persona Doll ist ein Mädchen, heißt Lisa und ist eineinhalb Jahre alt. Lisa hat ein freundliches Gesicht, rote, lockige, lange Haare und trägt oft grüne Sachen, weil ihre Mama findet, dass sie gut zu ihrer Haarfarbe passen. Im Gruppenraum sitzt Lisa mit ihrem Kuscheltuch, das sie immer bei sich haben will, auf dem Regal. Ab und zu kommt sie herunter, um mit den Kindern zu sprechen. Sie trägt dazu bei, die Identitätsentwicklung der Kinder zu stärken, denn sie erkennen: Lisa ist ein Kind wie ich, aber in manchem unterscheiden wir uns.

Natürlich muss man junge Kinder gut beobachten, wenn man eine Persona Doll einsetzt, um nonverbale Botschaften der Kinder wahrzunehmen: Wie ist ihr Gesichtsausdruck? Wie ihre Körpersprache? Fühlen die Kinder sich wohl? Möchten sie etwas zum Ausdruck bringen? Bewegt sie etwas? Es ist hilfreich, zunächst nur sehr kleine Gruppen mit der Persona Doll zu konfrontieren. Je nach Alter und Entwicklungsstand der Kinder empfehle ich, Gruppen von drei bis sechs Kindern und einen kurzen Besuch der Puppe. Kinder, die sich nicht für die Puppe interessieren, wenden sich anderen Dingen zu.

In unserer Kita werden Persona Dolls während der gesamten Kindergartenzeit eingesetzt. Bei der Begegnung mit Lisa lernen die jungen Kinder diese Methode kennen und merken: Die Persona Doll spricht nicht direkt mit ihnen, sondern flüstert mir ins Ohr, was sie ihnen sagen will. Die Erscheinung der großen Puppe und ihre Lebendigkeit finden die jungen Kinder faszinierend. Vorsichtig nähert sich die Persona Doll den Kindern. Zu Beginn erfahren sie ihren Namen, und ich sage, wie die Kinder heißen. Bei dieser Vorstellungsrunde wird klar: Jeder und jede hat einen Namen, und der ist wichtig.

---

72 Vgl. Kap. 3: Das passiert bei uns – Eine anregende Lernumgebung schaffen
73 Die Persona Doll-Arbeit bei den Jüngsten bezieht sich auf die Ziele 1 und 2 der Vorurteilsbewussten Bildung und Erziehung.

Manche Kinder haben anfangs Angst vor der Puppe. Dann versuche ich sanft, eine Brücke zwischen ihnen und Lisa zu bauen, indem ich auf Gemeinsamkeiten hinweise: »Schau mal, Lisa hat auch ein Kuscheltuch. Genau wie du.« Nach und nach freunden sich auch diese Kinder mit Lisa an, sprechen mit ihr und berühren sie vorsichtig. Dann betrachten wir das Äußere der Persona Doll. Dabei erkennen die jungen Kinder ihre eigenen Körper wieder und lernen die Bezeichnungen von Körperteilen. Sie tippen auf ihre Nasen und auf die von Lisa, schauen auf ihre Hände und die von Lisa: »Das ist die Nase. Und Hände hat sie auch. Wie ich.« Sind die Kinder vertrauter mit der Puppe, umarmen sie Lisa. Manche nehmen sie bei der Begrüßung auf den Schoß und geben ihr vorsichtig einen Kuss.

Lisa hat eine Biografie, die ich in einfachen Worten und kurzen Sätzen aufgeschrieben habe, damit die jungen Kinder sie gut verstehen können. Dazu gehört, wie Lisa aussieht, wie alt sie ist, dass sie mit Mama und Papa, mit ihrem Bruder Max und ihren Hasen Mimi und Lilli in der Nähe der Kita in einem großen Haus wohnt. In den Kindergarten geht sie gern und nimmt jeden Tag ihr Kuscheltuch mit. Sie spielt gern mit dem Ball und im Sandkasten, liebt Lieder und Fingerspiele. Am liebsten isst sie Grießbrei und Kekse. Milch mag sie nicht. Diese kurze Biografie befindet sich in einer Portfolio-Mappe, mit Fotos von Lisa in der Kita, auf denen sie beim Spielen, im Garten auf der Schaukel, am Waschbecken, beim Essen und mit einem Buch zu sehen ist. Ganz ähnliche Bilder von sich haben auch die Kinder in ihren Portfolios. Diese Mappen, einschließlich der von Lisa, stehen ihnen zur Verfügung und werden gern angesehen.

Fotos verwende ich auch, um den Kindern neben sprachlichen Beschreibungen etwas Anschauliches anbieten zu können. Ein Bild von Lisas Familie – Mama und Papa, Bruder Max, die Großeltern und die beiden Hasen – hängt an der Familienwand. Ich durfte dafür die Familie meiner Freundin fotografieren. Wenn die Kinder vor ihren Familienbildern sitzen und sich darüber austauschen, beziehen sie auch Lisas Bild ein.
Kinder, die schon sprechen können, zeigen zum Beispiel auf ihre Väter und den von Lisa und sagen: »Papa. Papa.« Etwas ältere Kinder sagen: »Mein Papa. Lisa Papa.« Oder sie zeigen auf Lisas Mutter und Lisa, die beide rote Haare haben, und sagen: »Mama Haare. Lisa Haare.« Die ältesten Kinder in der Gruppe sagen: »Papa Haare. Opa nicht.« So nehmen sie Gemeinsamkeiten und Unterschiede im Aussehen von Menschen wahr.

Reflexionsfragen

- Stellen wir die Besonderheiten von Kindern so dar, dass die Kinder gleichzeitig Gemeinsamkeiten wahrnehmen können? (1.4.3.)
- Bieten wir Kindern sachlich korrekte und respektvolle Formulierungen an, um sich und andere Menschen zu beschreiben? (1.5.4.)
- Suchen wir als Grundlage für die Darstellung von Unterschieden jeweils nach Kategorien, die alle Menschen gemeinsam haben, zum Beispiel einen Namen, Gefühle, eine Familie, ein Zuhause, einen Geburtsort? (2.1.3.)
- Bemühen wir uns um ästhetische Formen der Darstellung von Vielfalt, die die gleiche Wertschätzung für Unterschiede ausdrücken? (2.3.1.)
- Vermeiden wir es, Kinder und ihre Familien als »anders« oder von der Norm abweichend zu bezeichnen und verwenden stattdessen sachlich korrekte Beschreibungen für ihre Merkmale, Verhaltensweisen oder Fähigkeiten? (2.1.2.)

6. All das gibt es auf der Welt – Erfahrungen mit weiteren Vielfaltsaspekten ermöglichen

Die Welt ist größer als das, was jedes Kind unmittelbar erlebt. Dies zeigt sich in einer Lernumgebung, die, ausgehend von den Gemeinsamkeiten und Unterschieden in der Kindergruppe, weitere Aspekte menschlichen Lebens enthält, um Kinder zu unterstützen, ungezwungen und einfühlsam mit Menschen umzugehen, deren Aussehen und Lebensrealitäten sich von dem unterscheiden, was sie bisher kennengelernt haben. Um Vielfalt zu respektieren und nicht lediglich zu tolerieren, brauchen Kinder die Chance, damit vertraut zu werden. Kontakt allein reicht nicht aus. Kinder müssen sinnliche Erfahrungen mit Vielfalt machen, die sie kognitiv und sprachlich herausfordern. Kontakt allein reicht auch nicht aus, um die Wirksamkeit stereotyper Bilder zu mindern, die sich bereits jungen Kindern – häufig ohne jeglichen persönlichen Kontakt – vermitteln. Früh entstehen erste Vorstellungen darüber, was »normal« und »richtig« ist. Kindern weitere Aspekte von Vielfalt zu eröffnen, das heißt, sie mit Themen in Kontakt zu bringen, die bisher nicht in ihren Lebenswelten vorkamen: Gruppen ausschließlich deutschsprachiger Kinder erfahren etwas über Sprachenvielfalt; Kinder ohne Gehbeeinträchtigung beschäftigen sich damit, dass manche Menschen einen Rollstuhl zur Fortbewegung brauchen; Kinder mit heterosexuellen Eltern lernen andere Familienformen kennen. Die Widerspiegelung solcher Aspekte in der Lernumgebung – sei es durch Bücher oder andere Materialien – sind von unschätzbarem Wert auf dem Weg zu einer inklusiven Pädagogik.

Das Familienposter

Auf dem Familienposter[74] sind Fotos von einzelnen Kindern und von Kindern mit ihren Familien zu sehen. Seit einigen Tagen hängt es im Flur der Kita. Manchmal stehen Kinder davor und sprechen darüber. Neulich sagte Leo: »Da sind ja zwei Männer und ein Kind, das geht doch gar nicht.« Sebastian sagte: »Klar geht das. Die sind schwul. Mein Onkel ist auch schwul. Der hat einen Freund.« »Aha«, sagte Leo.

---

74 Beilage in: Das Familienspiel. verlag das netz / Kinderwelten 2010

Eltern betrachten das Poster ebenfalls. Gestern bat Canan ihre Mutter, vorzulesen, was darauf steht. Auf Türkisch las die Mutter: »Alle Familien sind gleich, jede Familie ist besonders.« Manche der anderen Schriftzüge konnte sie entziffern, manche nicht. Canan war erstaunt: Auch wenn man lesen kann, kann man nicht alles lesen. Buchstaben sind nicht überall gleich.

Das Hüte-Poster

Einige Kinder betrachten das Hüte-Poster[75] und sehen: Viele Kinder lachen und haben komische Hüte auf. Dass die Kinder unterschiedliche Hautfarben haben, bemerken sie auch. Es gibt mehr Kinder mit dunkler Hautfarbe als in ihrer Gruppe, da sind es nur Kylie und Aron. Sie entdecken einen Jungen mit Krücken, die anders aussehen als die von Magdas Papa, der Krücken brauchte, als er sich das Bein gebrochen hatte.

Reyhan stellt fest, dass ein Hut so aussieht wie die Krone der Freiheitsstatue in New York. Sie erinnert sich, in welchem Buch sie das Bild gesehen hatte, und holt es. Tatsächlich, der Hut des Kindes auf dem Poster gleicht der Krone. Da wundern sich die Kinder: Die Freiheitsstaue steht in Amerika, aber die Kinder auf dem Poster sind aus Südafrika. Auf dem Globus sehen sie, dass das unterschiedliche Kontinente sind.

Märchen

Märchen stehen gerade hoch im Kurs. Zwar führen die Geschichten weit weg vom Hier und Jetzt, aber sie regen Kinder an, Verbindungen zu sich selbst herzustellen. Bei ›Aschenputtel‹ denken sie über Arm- und Reich-Sein nach.

Die vierjährige Meryem findet ungerecht, dass Aschenputtel so viel arbeiten muss, während die Schwestern faul sind. Es ist gemein, dass sie Aschenputtel auch noch herumkommandieren. Am meisten empört Meryem, dass Aschenputtel alte Sachen anziehen muss, während die Schwestern wunderschöne Kleider tragen.

Meryem versteht nicht, warum Aschenputtel sich das gefallen lässt. Die Erzieherin: »Was könnte sie denn sagen?« Meryem steht auf, stützt die Hände in die Hüften und ruft mit lauter Stimme: »Hey, Schwestern! Ich möchte auch schöne Kleider, nicht nur ihr!«

---

75 Hüte-Poster »Celebrating our differences & similarities«. ELRU/Südafrika (Early Learning Resource Unit), www.elru.co.za

Häufig erleben Kinder, dass Erwachsene auf manche Fragen und Theorien mit Unbehagen reagieren, ausweichen oder das Thema wechseln. Solche Reaktionen zeigen den Kindern, dass etwas »nicht in Ordnung« ist, und sie entwickeln ihrerseits Distanz und Unbehagen. Stattdessen brauchen Kinder sachliche Informationen und Gelegenheiten, mit Menschen, die zum Beispiel anders aussehen als sie, etwas Erfreuliches oder Interessantes zu erleben. Auch hier gilt das Prinzip, Unterschiede auf der Basis von Gemeinsamkeiten zu thematisieren. Dabei muss man beachten, dass Kindertageseinrichtungen sich im Kontext gesellschaftlicher Strukturen bewegen, und dafür sorgen, Vorurteile nicht zu reproduzieren und weiterzugeben. Pädagogische Fachkräfte reflektieren in diesem Prozess ihren eigenen Umgang mit unbekannten oder für sie unangenehmen Themen.

Petra Beutel: Jonas im Rollstuhl

Petra Beutel, Erzieherin und Persona Doll-Trainerin, beschreibt, wie es gelingen kann, mit Kindern ins Gespräch über Vielfaltsaspekte zu kommen, die in der Kindergruppe selbst nicht vorkommen.

Seit zwei Jahren sind die Kinder mit dem Einsatz von Persona Dolls in Gesprächsrunden vertraut. Aber die Persona Doll Jonas, die im Rollstuhl sitzt, kommt heute zum ersten Mal in die Kindergruppe. Ich habe angekündigt, dass uns ein Freund der Puppe Lili besuchen wird, die die Kinder schon kennen.

»Das ist ja eine Stoffpuppe!« rief Hugo, als die damals Vierjährigen Lili kennenlernten. Die anderen Kinder fragten: »Kann sie sprechen? Ist das eine echte Puppe? Hat sie eine Mama?« Ich bestätigte, dass Lili eine Puppe ist, und sagte: »Aber wir behandeln sie so, als wäre sie ein Kind, und gehen behutsam mit ihr um.« Fast alle Kinder ließen sich gespannt auf das Spiel ein. Die Magie der Puppe faszinierte sie. Zwei Jungen verhielten sich zunächst skeptisch gegenüber dieser ungewohnten Gesprächsform, gewöhnten sich dann aber schnell an die Besuche der Persona Doll und gehörten schließlich zu den engagiertesten Gesprächspartnern.

Die Puppe Lili hatte den Kindern Geschichten erzählt, in denen es beispielsweise um ihre Familie, ihre Familiensprache, ihre Vorlieben, Abneigungen und um Ungerechtigkeiten ging. Mit einer Puppe im Rollstuhl wollte ich die Kinder nun mit einem Vielfaltsaspekt bekannt machen, der ihnen im Kindergarten bisher nicht begegnet war. Als ich die Geschichte der Persona Doll Jonas aufschrieb, achtete ich darauf, dass nicht nur das unterscheidende Merkmal – der Rollstuhl – vorkommt, sondern auch Aspekte, in denen die Kinder sich wiedererkennen können. In der aktiven Auseinandersetzung mit Vielfaltsaspekten können die Kinder lernen, sich mit Unterschieden wohlzufühlen und Menschen respektvoll und einfühlsam zu begegnen, die sich in bestimmten Merkmalen von ihnen unterscheiden. Beim Anblick von Jonas sagte Lara: »Der sieht viel kleiner aus als die andere Puppe.« Die Kinder wollten, dass ich Jonas herumgebe, begrüßten ihn, nannten dabei ihre Namen und sagten, wie alt sie sind. Danach nahm ich Jonas auf den Schoß, hielt mein Ohr an den Mund der Puppe, lauschte kurz und sagte: »Jonas hat mir eben erzählt, dass er schon in die erste Klasse geht. Er möchte von euch wissen: Freut ihr euch auf die Schule? Viele Kinder riefen: »Ja!« »Jonas hat mir ins Ohr geflüstert, dass er sich auch auf die Schule gefreut hat, aber machte sich Sorgen, was die anderen Kinder zu seinem Rollstuhl sagen würden. Könnt ihr euch vorstellen, warum er sich Sorgen gemacht hat?« Nikita vermutete: »Weil die ihn auslachen oder Schimpfwörter zu ihm sagen. Warum muss er denn im Rollstuhl sitzen?«

»Das ist eine gute Frage«, sagte ich und erklärte: »Die Beine von Jonas sind gelähmt. Er ist schon so auf die Welt gekommen. Weil er mit seinen Beinen nicht laufen kann, benutzt er einen Rollstuhl. Mit seinen kräftigen Armen dreht er die Räder und kann sich so allein bewegen.«

Max bat, den Rollstuhl schieben zu dürfen. Das wollten die anderen Kinder auch, und wir fragten Jonas, ob er es erlaubt. Weil Jonas nichts dagegen hatte, durfte jedes Kind den Rollstuhl eine Runde schieben. Alle taten das sehr behutsam. Nun wollte ich wissen, ob die Kinder woanders schon mal einen Rollstuhl gesehen hatten. Sie bejahten das, erzählten davon und Nikita sagte: »Ich möchte Jonas was ins Ohr flüstern.« Nachdem er das getan hatte, erklärte Nikita: »Jonas kann uns jetzt erzählen, warum er Angst hatte.« Ich lieh Jonas mein Ohr und wandte mich danach an die Kinder: »Jonas hat gesagt, dass ihn manche Menschen so merkwürdig angucken. Dabei ist er ein Junge wie alle anderen auch. Nur braucht er zum Vorwärtskommen einen Rollstuhl.« Nikita fand: »Darum braucht man ihn ja nicht auszulachen. Das mag er nicht.«

»Jonas hat mir auch erzählt, was ihm neulich passiert ist. Seine Mutter hatte vergessen, Obst und Saft einzukaufen. Da schlug Jonas ihr vor: Ich kann doch einkaufen fahren. Jetzt möchte Jonas von euch wissen: Wart ihr auch schon mal allein einkaufen?« Die Kinder antworteten: »Ja, Brötchen! Beim Bäcker! Und ich war schon mal Eis holen.«

»Die Mama von Jonas fragte ihn: Meinst du, dass du das allein schaffst? Da sagte er ganz stolz: Klar, ich schaffe das. Zuerst musste Jonas eine Straße überqueren. Beim abgesenkten Bordstein war das kein Problem. Doch auf der anderen Straßenseite gab es eine hohe Kante, die ihn am Weiterkommen hinderte.« Da fiel Julien ein: »Wenn meine Mama mit dem Fahrrad über eine Bordsteinkante fährt, dann knallt es immer so.«

»Jonas bekam einen Schreck, doch zum Glück fragte ein Mädchen ihn: Kann ich dir helfen? Darüber war er froh.« Nikita fragte: »Und wie kam er da wieder runter?« Ich sagte: »Das hast du gut überlegt. Das ist wirklich ein Problem für Jonas.« Hugo hatte eine Idee: »Ich weiß es! Er kann die anderen Leute fragen, ob sie ihm helfen.« Das bestätigt ich und fragte: »Was würdest du zu den Leuten sagen?« Hugo überlegte kurz und schlug vor: »Könnt ihr mir bitte helfen?« Lara hatte Bedenken: »Fremde Leute spricht man nicht an.« Da sagte ich: »Du darfst nie mit fremden Leuten mitgehen. Aber in diesem Fall darf man sie um Hilfe bitten.«[76]

Ich erzählte weiter: »Jonas fuhr zum Supermarkt und stand plötzlich vor einer langen Treppe. Was glaubt ihr, hat Jonas da gedacht?« Die Kinder: »Er konnte ja nicht absteigen, weil er nicht laufen kann. Er hat gedacht, er kommt da nicht allein hoch.« »Wie hat sich Jonas gefühlt, was meint ihr?« »Er war traurig.« Als ich wissen wollte, was Jonas nun tun würde, meinten die Kinder: »Er könnte einen Fahrstuhl suchen. Oder vielleicht gibt es eine kleine Schräge. Da könnte er einfach hochfahren.«

»Jonas hat mir gesagt, dass es so war, wie ihr vermutet. Erst hatte er einen Schreck bekommen und befürchtete, dass er umkehren muss. Aber dann sah er, dass eine Frau an der Seite einen Kinderwagen hochschob, und dachte: Da komme ich auch allein hoch. Im Supermarkt

---

76 Über diesen Einwand hatte ich mit Lara im Anschluss ein Gespräch. Das ist angebracht, wenn Kinder im Austausch mit der Persona Doll Themen einbringen oder Fragen aufwerfen, die nicht unmittelbar besprochen werden können.

fuhr Jonas zum Obstregal und wollte nach einem Netz mit Birnen greifen. Da kam ein Verkäufer und legte es ihm auf den Schoß, lächelte und sagte freundlich: Bitteschön. Als Jonas das Regal mit den Säften fand, streckte er die Hand nach einer Packung Orangensaft aus. Da gab ihm eine Verkäuferin den Saft und sagte: Hier, ich helfe dir.« Die Kinder wunderten sich: »Das kann er doch allein!« »Das wollte ich euch gerade fragen: Hat Jonas sich über die Hilfe gefreut?« »Nein, hat er nicht. Er wollte das selbst machen.« »Was meint ihr, wie hat sich Jonas da gefühlt?« fragte ich die Kinder. Sie antworteten: »Das nützt ja dann nichts, wenn er allein einkaufen fährt.« »Was hätte die Verkäuferin denn anders machen können?« wollte ich wissen. »Sie hätte fragen können, ob sie ihm helfen soll«, sagte Hugo. »Ja, sie hätten ihn fragen können, wie das Mädchen vorher. Was hätte Jonas dann antworten können?« »Nein, danke. Ich kann das selbst.«

»Jonas hat mir ins Ohr geflüstert, dass er sich nicht traute, etwas zu sagen. Was glaubt ihr, warum haben der Verkäufer und die Verkäuferin ihm geholfen?« Kurze Stille, dann sagte Lara: »Weil sie dachten, dass er das nicht allein schafft.« Hugo meinte: »Die wollten nur nett sein.« Nikita glaubte: »Die Leute sehen zuerst den Rollstuhl und denken dann, dass Jonas vieles nicht ohne Hilfe schafft.«

Später erzählten die Kinder, was sie gern allein machen würden. Lukas würde nach dem Abwaschen gern mal abtrocknen. Nikita würde gern auf das höchste Dach klettern, weil er mal Akrobat werden will. Schließlich gab ich Jonas noch einmal herum, und einige Kinder wünschten ihm viel Glück. Nikita hielt sein Ohr an den Mund der Puppe und erklärte uns: »Jonas hat gesagt, er freut sich, dass er es hierher geschafft hat und dass alle so nett zu ihm waren. Er möchte bald wiederkommen.« Die anderen Kinder fragten, ob sie Jonas noch ein bisschen im Rollstuhl schieben dürfen. Wir legten eine Platte auf den Fußboden, die eine Bordsteinkante symbolisieren sollte. Jedes Kind probierte aus, wie man die Stufe bewältigen kann.[77]

Manche Kinder verhalten sich in den Gesprächen zunächst eher zurückhaltend, folgen den Unterhaltungen aber interessiert und aufmerksam. So kam ein fünfjähriges Mädchen mit vietnamesischen Wurzeln zu mir, nachdem wir mit der Persona Doll Lili über Zweisprachigkeit gesprochen hatten. Wir zählten alle Sprachen auf, die in den Familien unserer Kinder gesprochen werden. Dass die Bezeichnung für ihre Muttersprache Vietnamesisch ist, wussten das Mädchen und die anderen Kinder bisher nicht. Das überraschte mich. Obwohl das Mädchen sich in der Runde nicht geäußert hatte, zeigte es danach auf diverse Gegenstände und nannte mir deren vietnamesische Bezeichnungen. Ich hatte das Gefühl, dass sie

---

77 Die Idee für die Geschichte von Jonas stammt aus dem Kinderbuch »Meine Füße sind der Rollstuhl«. Ballhaus/Huainigg 2003

in unserer Einrichtung zum ersten Mal bewusste Wertschätzung für ihre Familiensprache spürte. In den Gesprächen achte ich darauf, dass die Kinder durch meine Fragen zum Nachdenken und zum Sprechen angeregt werden. Sie sollen die Hauptakteure sein und selbst tätig werden können, wann immer es sich anbietet. Hier war es das Schieben des Rollstuhls. Das taten sie behutsam und erst, nachdem sie Jonas gefragt hatten.

Immer wieder fasziniert es mich, wie sich die Kinder auf die Magie der Puppen einlassen, wie viel Empathie sie zeigen, wie sie mit der Persona Doll nachdenken und Lösungen suchen. Es ist für die Kinder eine Kommunikation auf Augenhöhe, da sie das Gefühl haben, tatsächlich mit einem anderen Kind zu sprechen. Schon sehr junge Kinder machen in der Interaktion mit der Puppe nachhaltige Lernerfahrungen, die sie in Alltagssituationen anwenden können.

Ilka Wagner und Ulla Lindemann: Kindern neue Erfahrungen ermöglichen

Eine Kollegin der Berliner Europa-Kita des VAK e.V. in der Reichenberger Straße bekam einen alten Kinder-Rollstuhl geschenkt, der nicht mehr benötigt wurde, und wollte den Kindern ermöglichen, Erfahrungen mit diesem Gegenstand zu machen. Da die Gruppe der fünf- bis sechsjährigen Kinder sich gerade mit einem Projekt beschäftigte, in dem es um den Körper ging, bot es sich an, auch das Thema »Körperliche Beeinträchtigungen« einzubringen. Ziel war es, Vorbehalte erkennen und abbauen zu können. Im Gespräch mit Ulla Lindemann berichtet die Erzieherin Ilka Wagner über die Beschäftigung mit Vielfalt und den Blick über den eigenen Tellerrand:

Der Kinder-Rollstuhl dient den Kindern als Sitzgelegenheit, aber sie fahren auch gern damit durch die Gegend. In einem Interview fragten wir sie unter anderem: Wie ist es, im Rollstuhl zu sitzen? Was kannst du machen, was kannst du nicht machen? Kennst du jemanden, der immer im Rollstuhl fährt?

Manche Kinder sagten, sie fänden es toll im Rollstuhl. Aber sie sagten auch, man könne eigentlich nichts machen. Genau genommen eine stereotype Vorstellung, denn als wir wissen wollten, was sie tatsächlich gemacht hatten, als sie im Rollstuhl saßen, stellten sie fest: Es war ziemlich viel. Das war eine wichtige Erkenntnis für die Begegnung mit Menschen, die sich im Rollstuhl fortbewegen. Weiß ein Kind, dass der Rollstuhl kein Hindernis ist, um mit jemandem zu lachen, zu malen, zu essen und draußen unterwegs zu sein, dann ist es

leichter, eine Verbindung herzustellen. In dieser Zeit brachte eine Mutter uns ein Buch über Helen Keller[78] mit, die vor hundert Jahren gelebt hatte, als Kind erkrankte und blind und gehörlos geworden war. Trotzdem hatte sie lesen und sich auszudrücken gelernt. Sie bereiste die ganze Welt, um Menschen zu vermitteln, wie man mit Kindern umgehen sollte, die blind oder gehörlos sind. Von ihr erzählten wir den Kindern und sprachen darüber, wie viel Helen Keller erreicht hatte. Die Kinder wollten ausprobieren, wie es ist, wenn man nichts sehen kann, malten, schrieben, klebten und schnitten mit geschlossenen Augen – eine ganz neue Erfahrung. Sie ertasteten Dinge und benannten sie, versuchten, mit der Gabel einen Apfel aufzuspießen. Ein Kind sagte: »Ich kann das genauso gut wie mit offenen Augen.« Die anderen fanden, dass es da schon einen Unterschied gibt. Wir kauften ein Buch mit Gebärdensprache[79] und sahen es gemeinsam an. In diesem Buch geht es um Themen wie »Der Mensch«, »Zu Hause«, »Draußen unterwegs« und »Zukunft«. Jedes Thema wird mit einer lebendigen Szene dargestellt und von den dazugehörenden Gebärdensprache-Zeichnungen umrahmt. Das regte uns an, Gebärden auszuprobieren, zum Beispiel für Herz, Pflaster und Fußball-Tor. Danach versuchten die Kinder, Wörter mit ihren Händen zu bilden. Eines Tages trafen wir in der U-Bahn zwei Frauen, die sich in Gebärdensprache unterhielten. Da guckten die Kinder nicht komisch, und niemand sagte: »Was machen die denn da?« Diese Art der Verständigung war für die Kinder nichts Irritierendes oder Befremdliches mehr.

78 Schindler 2002
79 Hesselbarth 2010

Nermin Çeçen und Ulla Lindemann:
Kinder malen Gotteshäuser

Mit dem Vielfaltsaspekt Religion kommen schon junge Kinder in Berührung und dessen einseitige Darstellung in den Medien kann für Verunsicherung sorgen. Die Erzieherin Nermin Çeçen aus der Berliner Europa-Kita in der Oranienstraße berichtet im Gespräch mit Ulla Lindemann:

Eine Zeitlang sprachen die Kinder oft über Gott und fragten, wer das eigentlich ist und was er macht. Deshalb schlugen wir vor, verschiedene Gotteshäuser zu besuchen: eine islamische Moschee, einen buddhistischen Tempel, eine jüdische Synagoge und eine christliche Kirche. Vor diesen Besuchen schauten wir uns mit den Kindern Bücher an. In dem Buch »Gott, Allah, Buddha. Und woran glaubst du?«[80] lasen wir: Die Menschen gehören unterschiedlichen Religionen an, kleiden sich unterschiedlich, beten anders, an anderen Orten, und manche

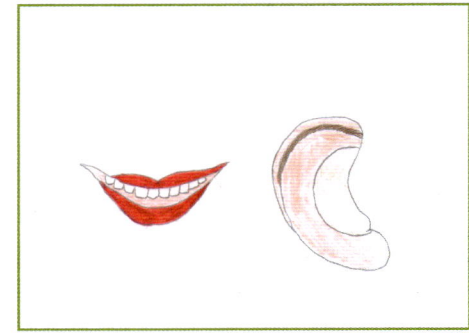

glauben nicht an einen Gott. Aber jeder Mensch ist etwas Besonderes Wir fanden heraus, dass die vier Religionen viele Gemeinsamkeiten und manche Unterschiede haben. Zum Beispiel haben alle Religionen wichtige Feste: Ostern und Weihnachten, Vesakh-Fest und Neujahr, Pessach und Sabbat, Zucker- und Opferfest. Alle Religionen haben Symbole: den Halbmond, das Rad, den Stern und das Kreuz. Jede Religion hat ein heiliges Buch: Koran, Tripiṭaka, Thora und Bibel. Alle Gläubigen beten oder meditieren, aber auf unterschiedliche Weise: mit geöffneten Handflächen, mit gefalteten Händen oder indem sie laut in ihrem heiligen Buch lesen. In fast allen Religionen gibt es einen Gott, aber er trägt jeweils einen anderen Namen: Gott, Allah, Adonai. Im Buddhismus, der keine Religion ist, gibt es keinen Gott. Buddha war ein Mensch, der anderen Menschen von seinen Einsichten berichtete.
Nach dieser Vorbereitung wollten wir uns die Gotteshäuser ansehen. Wir meldeten uns an und bekamen sogar eine Führung. In der Kita malten die Kinder später die Gebetshäuser und erzählten, was sie bei den Besuchen beeindruckt hatte.

Islamische Moschee

Okan: »Ich fand diese Kette schön. Sie hat 99 Perlen, weil Gott 99 Namen hat. Und der Koran lag auf dem Tisch.« // Taylan: »Ich fand die Decke von unserer Moschee schön.« // Ayse: »Wir haben uns in der Moschee in den Kreis gesetzt. Der Hodscha hat gesagt und gezeigt, wie man betet. Die Teppiche und die Lampe waren sehr schön.« // Batu: »In der Moschee betet man zu Allah.« // Berfin: »Da waren Menschen, die haben gebetet, weil jemand gestorben war. Am schönsten war, dass der Hodscha mit uns geredet hat.« // Hannes: »Erst haben wir gewartet, weil zwei Männer gebetet haben. Dann sind wir reingegangen. Die Moschee war schön, die Fenster sind so blau.« // Emre: »In der Moschee habe ich die Schuhe ausgezogen, damit der Teppich nicht dreckig wird, denn man betet mit der Stirn auf dem Teppich.« // Laura: »Oben auf der Moschee ist ein Halbmond.«

Buddhistischer Tempel

Orhan: »Wir sind die hohe Treppe hochgegangen und haben die Schuhe ausgezogen. Dann waren wir drin. Da war ein großes Steinschild mit Schrift, und wir haben den Buddha gesehen. Er was aus Gold gemacht. Ich habe mir ein Kissen genommen und mir alles angesehen. Es hat mir gefallen.« // Anna: »Buddha war da. Er ist sehr dick und aus Gold. Er beschützt uns alle.«

---

80 Damon 2002

Jüdische Synagoge

Merlin: »Ich fand den Davidstern oben auf der Synagoge und auch die Schriftrolle schön. Das ist die Gebetsrolle.« // Fatma: »Der Stern auf der Synagoge war so schön, weil er in der Sonne glänzte. Ich habe Fotos gesehen, auf denen die Synagoge kaputt war. Es wurde ein Bombe reingeschmissen. Dann haben sie sie wieder neu gemacht.« // Lucas: »Eine Synagoge ist eine Kirche für Juden. Das heilige Buch heißt Thora. Sie lesen daraus und beten.«

Christliche Kirche

Handan: »In der alten Kirche war auf dem Boden ein Drachen.« // Aylin: »Die neue Kirche hat Kreise auf der Erde.« // Dursun: »Die Bibel war schön und die bunten Fenster.« // Selina: »Auf dem Tisch waren viele Kerzen.« // Sener: »Die neue Kirche war gruselig, so dunkel.« // Merlin: »Die riesige Orgel war schön und die Musik.« // Britta: »Der goldene Mann, das Kreuz und die Glocke haben mir gefallen.« // Nilay: »Schlafen die Christen in der Kirche? Baden sie die Babys im Wasser?« (Taufbecken)

Uns war wichtig, dass die Kinder sachlich korrekte Informationen über die verschiedenen Religionen und damit auch eine erste Verbindung zu den Menschen bekommen, die in die Gotteshäuser gehen. Gerade weil viele Konflikte mit Religion in Verbindung gebracht werden, ist es gut, wenn die Kinder sehen, wie viele Gemeinsamkeiten die Religionen haben.

Sandra Richter: Feste feiern – aber welche?

Inklusive Praxis erfordert die ständige Bereitschaft zur Reflexion eigener Denk-, Seh- und Handlungsgewohnheiten. Eine Erzieherin in der Kita des Interkulturellen Familienzentrums TAM fragte sich, wie sie die Vorweihnachtszeit mit den ein- bis dreijährigen Kindern ihrer Gruppe gestalten könnte. In ihrer Herkunftsfamilie war diese Zeit christlich geprägt, und sie setzt diese Tradition in der eigenen Familie fort. Doch die meisten Kita-Kinder stammen aus Familien nicht-christlichen Glaubens. Welche Feste und Werte sollten Eingang in den pädagogischen Alltag finden? Im Gespräch mit Sandra Richter, die das Team im Rahmen des Projekts »Inklusion in der Praxis von Krippen und Kitas« begleitete, erzählt die Kollegin:

Mir wurde bewusst, dass meine christlich-orientierte Art der Gestaltung der Vorweihnachtszeit mit den Lebenswelten der meisten Kinder und ihrer Familien nichts zu tun hat, und ich fragte mich: Was möchte ich an die Kinder weitergeben? Warum? Und mit welchem Ziel?

Die christliche Weihnachtsgeschichte ist nicht in allen Familien bekannt. Deshalb beschloss ich, Kinder und Eltern darüber zu informieren. Ich wollte den Gedanken des freudigen Zusammenseins vermitteln, des Teilens gemeinsamer Zeit, des Schenkens, um anderen Menschen Freude zu machen. In unserem Adventskalender – 24 kleine Jutesäckchen – steckten für jedes Kind eine goldene Nuss und ein »Zeitgeschenk«. Das war ein kleiner Zettel, auf dem zum Beispiel stand: Ich lese heute ein Buch vor – nur dir. Über die Adventskerzen erzählte ich den Kindern: Sie symbolisieren die Wartezeit auf Weihnachten, denn Weihnachten ist ein wichtiges Fest für die Christen. An die Legende vom Nikolaus erinnerte ich am 6. Dezember: In einer gekrümmten Banane als Symbol für das Schiff steckte ein Papiersegel, auf dem die Geschichte des Bischofs Nikolaus von Myra stand. Auf den Weihnachtsmann als Gabenbringer verzichteten wir. Inzwischen geben wir den Familien auch bei Festen wie Ostern, Ramadan, Zuckerfest und St. Martin eine kleine Erklärung über deren Hintergründe mit. In den Entwicklungsgesprächen mit den Eltern frage ich nach, welche Feste die Familien feiern und welchen Umgang sie mit christlichen Festen pflegen. Seither weiß ich, dass auch in nichtchristlichen Familien zu Weihnachten Geschenke verteilt werden und dass es Adventskalender mit Schokolade gibt, weil die Kinder das möchten – nicht zuletzt wegen der Werbung in den Läden. Im Hinblick auf Ostern habe ich mich entschieden, die biblische Geschichte nicht zu erzählen, sondern mich auf den Frühlingsanfang und Symbole mit vorchristlichem Ursprung zu beschränken. Dazu zählt das Ei. Es symbolisiert das zunächst verborgene, aber immer wieder neu hervorbrechende Leben. Der Dotter steht für die Sonne, der Hase für Fruchtbarkeit und Aufopferungsbereitschaft. Ob dies die ideale Form der Gestaltung der Feste ist, weiß ich noch nicht. Aber mit den Kindern und Eltern werde ich einen gemeinsamen Weg finden.

Gabriele Koné: Die richtigen Signale senden

Das Team der Berliner Kita Brittendorfer Weg stieß im Verlauf des zweijährigen Projekts immer wieder auf Einseitigkeiten in der Lernumgebung, die den Erzieher_innen nicht bewusst waren. Gabriele Koné beschreibt den Weg zur veränderten Darstellung von Kindern im Eingangsbereich der Einrichtung:

Im Eingangsbereich hängen großformatige Fotos von Kindern mit Trisomie 21. Die Kinder lächeln und gucken aufgeweckt. Derzeit werden in der Einrichtung jedoch keine Kinder mit Trisomie 21 betreut, und im Team kam die Frage auf: Warum hängen die Fotos dort? Ausgangspunkt war die Idee, den Eltern, deren Kinder besonderen Förderbedarf haben, Offenheit zu signalisieren. Vielleicht würden die Fotos Eltern ermuntern, die unsicher sind, ob sie ihr Kind in eine Kita geben, in der es gerade keine Kinder mit Beeinträchtigungen gibt. Doch wie verhält es sich mit der Art der Darstellung? Eine Erzieherin fragte: »Wie wirkt es, wenn an dieser Stelle ausschließlich Kinder mit Trisomie 21 zu sehen sind? Wirkt das nicht zu plakativ, zu herausgestellt und dadurch besondernd[81]?« Eine andere Erzieherin versuchte, die Perspektive der Eltern einzunehmen, deren Kinder eine Beeinträchtigung haben: »Auf den Fotos sind nur Kinder mit Trisomie 21 abgebildet. Man könnte vermuten, sie seien isoliert, weil keine weiteren Kinder zu sehen sind, die mit ihnen spielen. Vielleicht würde ich mir als Mutter Sorgen machen, ob es der Kita tatsächlich wichtig ist, eine inklusive Einrichtung für alle Kinder zu sein.« In diesem Gespräch entstand die Idee, Fotos verschiedener Kinder anzubringen, die gemeinsam spielen: Mädchen und Jungen, dünne und rundliche Kinder, Kinder mit verschiedenen Hautfarben, mit Brille und ohne, mit glatten Haaren und Locken, mit verschiedenen Haarfarben und Augenformen, Kinder mit sichtbaren Beeinträchtigungen, Kinder, deren Beeinträchtigungen auf den ersten Blick nicht sichtbar sind und Kinder ohne Beeinträchtigungen.

Alle Beispiele in diesem Kapitel zeigen, wie vielschichtig und anspruchsvoll der Weg zu einer Lernumgebung ist, die Vielfaltsaspekte, die über die Kindergruppe hinausgehen, respektvoll einbezieht. Kindern den Kontakt mit Vielfalt zu ermöglichen, mit ihnen in den Dialog über Gemeinsamkeiten und Unterschiede zu gehen und ihnen so die Chance zu geben, mit bisher Unbekanntem vertraut zu werden, ist unabdingbar für inklusive Praxis.

Reflexionsfragen

- Achten wir auf ein vielfältiges Materialangebot, das den Kindern die Möglichkeit gibt, sich ein Bild über unterschiedliche Familienkulturen und Familienformen, Sprachen und Dialekte, religiöse Alltagspraxis, Speisegewohnheiten und Gebrauchsgegenstände von Menschen zu machen? (2.2.1.)
- Stellen wir Materialien zur Verfügung, die äußere Merkmale von Menschen vielfältig darstellen, zum Beispiel Körpergröße, Geschlecht, Haarfarbe und Haarstruktur, Hautfarbe, Augenfarbe und Augenform, Behinderung, Beeinträchtigung oder Alter? (2.2.2.)
- Tragen wir Themen sozialer Vielfalt an die Kinder heran, so dass sie ihre Vorstellungen und ihr Weltwissen erweitern können? (2.4.3.)
- Ermöglichen wir Kindern, Vielfalt aktiv und sinnlich zu erleben, zum Beispiel durch Begegnungen und Gespräche mit Menschen, das Ausprobieren und Nachahmen ihrer Handlungen, den Gebrauch von Gegenständen und Werkzeugen? (2.5.3.)
- Sorgen wir dafür, dass die Beschäftigung mit Gemeinsamkeiten und Unterschieden von Menschen zu einem Teil des alltäglichen Lernens in der Kita wird, das Kinder zu Fragen und Antworten anregt? (2.5.4.)

---

81 Besonderung heißt: Eine Person wird aufgrund eines Merkmals, das sie von der Gruppe der Mehrheit unterscheidet, herausgestellt. Vgl. Kapitel 9: Falle 3

7. Das ist nicht fair – Die Lernumgebung kritisch überprüfen

Das Wohlbefinden von Kindern in Krippen und Kitas ist eng mit dem Erleben von Sicherheit und Schutz verknüpft. Zu ihrer Sicherheit trägt bei, wenn sie spüren, dass es in der Einrichtung gerecht und fair zugeht, dass jedes Kind seinen Platz hat und kein Kind ausgegrenzt wird. Diskriminierung vermittelt sich in Interaktionen, aber auch durch die Umgebung, in der die Kinder einen großen Teil ihres Tages verbringen. Abwertung und Ausgrenzung schaden nicht nur den Kindern, auf die sie sich beziehen, sondern allen Kindern, denn sie erleben: Hier werden wir nicht ausreichend geschützt. Ausgrenzung und Abwertung sind schwerwiegende Verstöße, die Kinder nicht unter sich beheben können. Sie sind auf die Hilfe Erwachsener angewiesen, um sich dagegen zur Wehr zu setzen und lernen zu können, empathisch miteinander umzugehen und Ausgrenzungsimpulsen zu widerstehen.

Respekt für Vielfalt endet, wenn unfaire Äußerungen, Handlungen und Bedingungen auftreten. Bei der Gestaltung der Lernumgebung muss man immer wieder überprüfen: Ist das fair? Ist es gerecht? Entspricht es der Wahrheit? Oder ist es eine Verzerrung, die Menschen verletzt und ausgrenzt? Stereotype und einseitige Darstellungen von Menschen gehören ebenso wenig in eine inklusive Lernumgebung wie Materialien, die nur den dominanten Teil der Gesellschaft widerspiegeln. Es gilt, die Ausstattung durch fehlende Aspekte von Vielfalt zu ergänzen und mit den Kindern in einen Dialog über Einseitigkeiten, Vorurteile und Diskriminierung zu treten. Dies hilft ihnen zu lernen, dass alle Menschen grundlegende Rechte haben und dass diese Rechte nicht für manche Menschen weniger gelten als für andere. Viel zu oft finden sich in pädagogischen Einrichtungen Bücher oder andere Medien, in denen eine Vielzahl von Kindern nicht oder nur in stereotypen Darstellungen vorkommt. Es ist enttäuschend und schmerzhaft für diese Kinder, das zu entdecken. Pädagogische Fachkräfte sollten daher reflektieren, an welchen Kindern sich die Gestaltung der Kita-Praxis orientiert: Werden eher Angehörige der Dominanzgesellschaft und Aspekte der Dominanzkultur dargestellt? Kommen bestimmte Gruppen von Menschen nur in stereotypen Abbildungen und Darstellungen vor, was Kindern ein falsches Bild vermittelt?

Olenka Bordo Benavides: Die Sache mit der Dominanzkultur

Der Begriff Dominanzkultur besagt, »dass unsere ganze Lebensweise, unsere Selbstinterpretationen sowie die Bilder, die wir von anderen entwerfen, in Kategorien der Über- und Unterordnung gefasst sind«.[82] Bestimmte Regeln, Normen, Verhaltensweisen, Sitten oder ästhetische Vorstellungen gelten als führend, werden als allgemeingültig erklärt und als wichtig für das Zusammenleben in einer Gesellschaft dargestellt. Dies wird von gesellschaftlichen Gruppen mit hohem sozialen Status und gesellschaftlichem Einfluss maßgeblich befördert. Sie verfügen nicht nur über das ökonomische, sondern auch über das ‚kulturelle Kapital'[83], um ihre Deutungsmacht und kulturelle Dominanz zu behaupten. Da sie das existierende Machtgefüge tradieren, bleiben Überzeugungen von Überlegenheit und Unterlegenheit erhalten, die sich in den Kämpfen um Vorherrschaft, in Kriegen und durch koloniale Ausbeutung entwickelten.

In Europa dominiert eine einseitige Perspektive auf das, was die »Leitkultur" sein soll: christlich, weiß, deutsch oder europäisch, gesund, heterosexuell, jung, schön, leistungsfähig, ordentlich, pünktlich, arbeitsam, sauber. Es wird deutlich, wer dazugehört und wer nicht. Und es ist schwer, eine andere kulturelle Position zu behaupten, denn auch »Subkulturen« werden vereinnahmt oder definieren sich letztlich im Verhältnis zur Dominanzkultur. Personen, die nicht zur Dominanzgesellschaft gehören, erfahren Nachteile und Ausschlüsse – im Alltag wie in institutioneller und struktureller Form.

Pädagogische Fachkräfte, die der Dominanzgesellschaft angehören, müssen ihre Sehgewohnheiten immer wieder kritisch hinterfragen, ihren Blick erweitern und überprüfen, ob alle Materialien kritischer Reflexion tatsächlich standhalten. Dies empfiehlt sich besonders bei Materialien, die »schon immer« genutzt wurden: Repräsentieren sie wirklich die Vielfalt der Kindergruppe? Werden Kinder ausgegrenzt? Es gibt Geschichten und Bilder, die manche Kinder stärken, aber andere schmerzen oder ihnen ein ungutes Gefühl vermitteln.[84] Kritisches Vorlesen, kritisches Mitlesen und kritisches Zuhören ermöglichen schließlich die kritische Auseinandersetzung mit gesellschaftlichen Ungleichverhältnissen.

Gerade Kinder brauchen einen sicheren Raum, in dem sie sich mit Macht – in ihrer negativen Bedeutung als Unterdrückungspotential und in ihrer positiven Bedeutung als Hand-

---

82 Rommelspacher 1995, 22
83 Bourdieu 1987
84 Ayim 1992, 127f

lungsmacht[85] – auseinandersetzen können. Sie brauchen eine Umgebung, die alle stärkt und es ihnen erlaubt, Macht zu besitzen, selbstbewusst zu agieren und zu sagen: Nein, das ist nicht fair!

Olenka Bordo Benavides: Das Buch ist falsch!

Als ein Buch über die Geschichte der Erstbewohner Amerikas[86] vorgelesen wurde, wies die fünfjährige Anay auf ein Bild und sagte: »Das mag ich nicht, so sehe ich nicht aus.« Offensichtlich hatte Anay sich mit der abgebildeten Figur identifiziert.[87] Sie ging zu ihrer Schwester Adna und zeigte ihr das Bild: »Guck mal, das stimmt nicht.« »Warum?« fragte Adna. »Schau mich an, ich sehe nicht so aus!« antwortete Anay. Adna bestätigte das.

Anay kann genau sagen, was sie stört und was an der Darstellung falsch ist: Es werden Menschen dargestellt, die keinen Schmerz kennen, Tanzzeremonien vorführen, Ponchos und Federn als Kopfschmuck tragen. Alle abgebildeten Menschen sehen identisch aus: Die Frauen tragen in zwei Zöpfchen geflochtene Haare, nur die Haarlängen unterscheiden sich.

Ich möchte Anay stärken und sie in ihren Empfindungen bestätigen. Also frage ich sie, was mit dem Buch geschehen soll. Sie schlägt mir vor, mit einem dicken Stift in großen Buchstaben »FALSCH« auf das Buch schreiben. »Oh je, das teure Buch!« denke ich, aber Anays Wunsch ist wichtiger. Ich schreibe »FALSCH!« auf den Buchumschlag. Jeder kann jetzt sehen, dass mit diesem Buch etwas nicht stimmt.

Überprüft werden müssen Bücher und Spiele, Lieder, Reime, Kostüme und alle anderen Materialien sowie die in vielen Kitas noch üblichen Arbeitsblätter zum Ausmalen. Was soll ein Kind tun, das auf so einem Blatt Vater, Mutter und zwei Kinder sieht? Den Vater durchstreichen, weil es bei der Mutter lebt? Die zweite Mutter selbst ergänzen? Das dritte Geschwisterkind aufmalen oder eins weglassen? Was tut ein Kind im Rollstuhl, wenn sich alle Menschen auf den Blättern mit ihren Beinen fortbewegen? Was denkt ein Kind mit kurzem, lockigen Haar, wenn die vorgegebene Haarstruktur glatt und lang ist? Auch Lieder wie »Zehn kleine N[]lein«, »Alle Kinder lernen lesen« oder Spiele wie »Cowboy und I[]« enthalten diskriminierende Bezeichnungen und transportieren Stereotype.

---

85 Eggers 2012, 4
86 Vgl. auch: Die »Anderen« bei Pippi Langstrumpf, Kapitel 5
87 Anay sagt, sie ist Berlinerin. Wenn sie von ihrer Familie erzählt, sagt sie, sie selbst sei auch aus einem Land in Südamerika..
Ich entschied mich bewusst, Anays Aussehen nicht zu beschreiben, denn ich möchte keine Vorstellungen, Bilder oder Assoziationen hervorrufen und vermeiden, dass sofort die Kategorie »anderes Aussehen« erscheint.

»Es macht mich verrückt, wenn andere Kinder sich über unsere Kultur lustig machen. Ich möchte nicht, dass sie glauben, dass wir I-Federn ins Haar stecken und ums Feuer tanzen. Das machen wir nicht. Einmal habe ich ein Kind gesehen, das mit einer Feder im Haar herumgelaufen ist und komische Geräusche gemacht hat. Ich habe angefangen zu weinen. Ich möchte, dass unsere wirkliche Geschichte erzählt wird«, sagt Antonia, sechs Jahre alt.[88] Diese Worte senden ein deutliches Signal an uns Erwachsene: Das ist nicht fair, und ich wünsche mir Unterstützung.

Vorurteilsbewusste Kinderlieder

Kinderlieder so auswählen, dass sie wirklich für alle sind? Eine Arbeitshilfe hierzu gibt es aus dem Arbeitsbereich "KiDs - Kinder vor Diskriminierung schützen" (KiDs aktuell 2/2016)

!

---

88 Derman-Sparks/Olsen Edwards 2010, 144

Sensibilität für die Äußerungen von Kindern, verbunden mit dem kritischen Blick auf stereotype, diskriminierende Materialien, sind unabdingbar für die Gestaltung einer inklusiven Lernumgebung. Materialien, die Kinder und ihre Bezugsgruppen falsch darstellen, müssen aussortiert und mit den Kindern besprochen werden, um ihnen die Chance zu geben, mit zunehmender Erfahrung selbst aktiv zu werden.

Katharina Ebner: Unsere eigenen Bücher

Ein Beispiel für die Reflexion stereotyper Darstellung und die Entwicklung eigener Materialien schildert Katharina Ebner, Erzieherin in der Kita des Interkulturellen Familienzentrums tam. Sie brachte das Kinderbuch »Planet Willi«[89] mit und las es den ein- bis dreijährigen Kindern ihrer Gruppe vor, zur der auch Patrick, ein Kind mit Trisomie 21, gehört. Als Patricks Eltern das Buch ablehnten, weil es stereotype Vorstellungen über Kinder mit Trisomie 21 reproduziere, entschied die Erzieherin, mit den Kindern Bücher anzufertigen, die ihre tatsächlichen Identitätsmerkmale widerspiegeln. Sie erzählt:

Nach der Kritik von Patricks Eltern fragte ich mich, in was für einem Buch sich Patrick wiederfinden könnte. Wohl am ehesten in einem selbst gemachten Buch. Mit solchen Familien-Büchern haben wir bereits gute Erfahrungen. Sie sind beliebt, die Kinder sehen sie sich oft an, zeigen anderen Kindern ihre Familien, Freunde oder Nachbarn, erzählen sich kleine Geschichten oder wünschen sich, dass wir Geschichten, die die Eltern für sie aufgeschrieben hatten, aus ihren Büchern vorlesen.

Patricks Eltern hatten auch ein »Urlaubsbuch« gestaltet, das von seinen Erlebnissen auf dem Bauernhof der Großeltern erzählt und das alle Kindern sich ebenfalls gern anschauten. Dies brauchte uns auf die Idee, die Kinder zu bitten, Geschichten zu erzählen, aus denen kleine Bücher werden könnten. So könnten sie ihre persönlichen Erfahrungen in Buchform wiederfinden und feststellen, dass es ganz unterschiedliche Geschichten gibt. Es sollten Bildgeschichten mit Fotos werden. Die Texte zu den Fotos wollte ich gemeinsam mit den Kindern erarbeiten, zum Beispiel zum Thema »Mein Lieblingsort in der Kita«. Die Kinder konnten entscheiden, welche Orte sie fotografieren möchten, ob sie auf den Fotos zu sehen sein wollen oder lieber Bilder malen möchten.

---

89 Müller, Birte 2012

LEMMY

Lemmys Lieblingsort ist der Knettisch. Immer zur Ruhezeit, nach dem Mittagessen, holen wir unsere Knetkiste raus. Besonders gefällt Lemmy da auch, dass er Quatsch machen kann.

Unsere Lieblingsorte

MINDJOU

LUISA

VIN

LEMMY

Die Schlange ist dann gerollt weitergekrochen. Da wollte sie weiter gehen.

LEMMY

Der Lieblingsort von Mindjou ist sein Haus im Garten, zwischen den neu angepflanzten Bäumen. Dort hat er sich sein Haus sehr toll eingerichtet: Mit zwei Küchen, Wohnzimmern und einer Terrasse.

MINDJOU

Das ist die normale Küche: da brate ich auch. Und zwar Gemüse. In zwei Küchen koche ich, auch in der Hexenküche.

Das ist jetzt die Hexenküche. Da brate ich Hühnchen. Das mach ich mit einem Topf oder mit einer Schüssel. Ich will bei der Hexenküche noch einen Baum kochen.

MINDJOU

Im ersten Gespräch nannten viele Kinder den gleichen Ort. Als wir mit ihnen durch die Räume gingen, kamen immer mehr neue Orte und Lieblingsspiele hinzu, die an diese Orte gebunden waren, zum Beispiel das Rutschen im Garten oder das Klettern im Bewegungsraum. Schließlich beschlossen wir, dass die Kinder an ihren Lieblingsorten bei Aktivitäten fotografiert werden, dazu etwas erzählen und zeichnen können. Mittlerweile haben wir drei Bücher zu verschiedenen Themen. Gebärden bereichern einige Buchseiten, vor allem die Gebärden Patricks, die zu unserer Gruppen- und Kitasprache gehören.

Die Kinder finden es schön, eigene Bücher zu haben – selbst wenn sie »nur« aus laminierten Pappseiten bestehen. Bei allen Arbeitsschritten waren sie dabei: fotografieren, die Fotos im Computer speichern, auswählen, ausdrucken, aufkleben und die Geschichten zu Papier bringen. Betrachten sie die Bücher, erzählen die Kinder von den Handlungen auf den Fotos und ergänzen sie durch neue Erfahrungen. So bieten die Bücher immer wieder Gesprächsanlässe, ermöglichen es, verschiedene Vielfaltsaspekte zu thematisieren und dabei an Merkmalen anzuknüpfen, die in der Kindergruppe existieren, zum Beispiel: Wer trägt eine Brille? Warum ist für Paul der Nuckel so wichtig? Wer hat noch einen Nuckel? Welche Sprachen sprechen die Kinder unserer Gruppe? Kindern, deren verbale Sprachkompetenz sich gerade erst entwickelt, bekamen durch die Foto- und Erzählbeispiele eine Idee davon, was ich meine, wenn ich sage: »Wir schreiben Geschichten.« Sie verstehen, was geschieht und was dann entsteht.

In den Büchern finden sich die Kinder so wieder, wie sie sind, also ohne stereotype Darstellungen. Das war vorher nicht der Fall. Kinder wie Simon mit dunkler Hautfarbe, Amal, die eine Brille trägt, oder Patrick kamen in den gekauften Büchern und Materialien nämlich nicht vor.

Im Laufe der Zeit werden die Kinder zunehmend selbst entscheiden, über welche Themen es Bücher geben soll, was sie fotografieren und worüber sie erzählen möchten. Außerdem wollen wir die Eltern einbeziehen, zum Beispiel bei Themen wie »Mein Lieblingsort zu Hause«, die an Geschichten aus der Kita anknüpfen, aber Familienerfahrungen und -sprachen in Buchform aufnehmen.

Haben Kinder die Chance, sich mit ihren individuellen Identitätsaspekten auseinanderzusetzen, sich mit anderen Kindern auszutauschen und zu erleben, dass das, was sie ausmacht, wertvoll und so wichtig ist, dass es in einem Buch kommt, wird dieses Erlebnis sie ermutigen zu widersprechen, wenn sie sich nicht oder falsch dargestellt sehen.

Evelyne Höhme:
Von der Puppenecke zum Wohnzimmer

Auch in der Raumgestaltung spiegeln sich häufig stereotype Vorstellungen, besonders in Bezug auf Geschlechterrollen. So finden sich noch immer in vielen Kitas Puppenecken, in denen nur die Mädchen spielen, und Bauecken, die vor allem von Jungen genutzt werden. Dass sich das in einer Berliner Kita veränderte, war auf einen Auseinandersetzungsprozess des Teams darüber zurückzuführen, was als männlich oder weiblich gilt. Auslöser waren Zweifel, ob die Räume den Interessen und Bedürfnissen der Jungen gerecht werden.[90] Nach der Reflexion eigener Vorstellungen und der pädagogischen Praxis ging es auch um die Frage: Welche Möglichkeiten haben die Kinder, jenseits der üblichen Zuschreibungen, was »typisch« und »normal« für Jungen und für Mädchen sei, herauszufinden, was ihre Persönlichkeiten wirklich ausmacht? Evelyne Höhme, Praxisbegleiterin der Einrichtung, berichtet:

Nach der gemeinsamen Reflexion betrachteten die Erzieherinnen die Spielaktivitäten der Kinder mit geschärftem Blick: Sie beobachteten die Kinder gezielter und stellten fest, dass die Jungen zwar nicht in der Puppenecke spielten, doch sichtlich Interesse daran hatten. Hin und wieder nahmen sie sich eine Puppe, einige Jungen wirkten dabei aber zurückhaltend und verschämt. Abstand wahrend, guckten sie den Mädchen beim Spielen zu, trauten sich aber nicht, mitzuspielen. Selbst dann nicht, wenn die Erzieherinnen sie dazu ermutigten und ihnen erklärten, dass die Puppen doch auch Väter, Onkel oder Opas haben könnten. Sie intervenierten zwar, wenn Mädchen die Jungen nicht mitspielen lassen wollten, kamen damit bei den Kindern aber nicht an. Zu mächtig waren die Botschaften aus den Familien, der Warenwelt, den Medien. Offensichtlich reichte es nicht aus, mit den Kindern zu reden. Deshalb musste sich etwas an den Strukturen des Kindergartens verändern – in diesem Fall an der Gestaltung der räumlichen Elemente.

Die Erzieherinnen machten sich bewusst: Auch wir tragen dazu bei, dass die Kinder sich an stereotypen Vorstellungen orientierten. Sie fragten sich, welche Botschaften die Kinder in den Kita-Räumen eigentlich erhalten. Vermutlich waren die Mädchen überzeugt: In der Puppenecke ist kein Raum für Jungen. Und die Jungen dachten womöglich: Was immer die Mädchen in der Puppenecke machen, Jungen passen da nicht hin. Was soll mein großer Bruder denken, wenn er mich abholt und mich in der Puppenecke findet? Dass ich kein richtiger Junge bin?

---

90 »Wie wir zu geschlechtersterotypen Vorstellungen beitragen« im Band 4 dieser Reihe »Die Zusammenarbeit im Team vorurteilsbewusst gestalten«, Kap. 1

Eines Tages erzählten die Erzieherinnen den Kindern, dass sie die Puppenecke in Wohn-zimmer umbenennen möchten. Die Kinder stimmten zu. Doch es blieb nicht bei der Umbe-nennung. Was sich neben dem Wohnzimmer befand, wurden auch verändert: Die Verklei-dungsecke wurde erweitert, die Kleidungsstücke wurden vielfältiger. Neben Rüschenrök-ken, Stöckelschuhen und Handtaschen gab es nun Hemden, Hüte und Stöcke. Die Bauecke wurde gleich neben dem Wohnzimmer eingerichtet. Die Bücherecke kam in die Nähe, so dass der Zugang zu Büchern erleichtert war. All dies erweiterte die Möglichkeiten, sich miteinander zu beschäftigen.

Die Wirkung ließ nicht lange auf sich warten: Bald sahen die Erzieherinnen, dass das Wohnzimmer auch von den Jungen genutzt wurde. Jungen und Mädchen spielten nun häufiger zusammen, und zwar »Familie«, denn: Im Wohnzimmer versammelt sich die ganze Familie, und hier werden Gäste empfangen. Das sprach die Jungen stärker an. Sie waren freier, den Raum nach ihren Interessen zu nutzen – auch mal zum Spielen mit Puppen –, ohne negative Bewertungen befürchten zu müssen.

Die Erzieherinnen beobachteten, dass die Mädchen und Jungen nicht nur zusammen mit den Puppen spielten, sondern sich auch gemeinsam Bücher anguckten und miteinander Tischspiele spielten. Die Veränderungen erweiterten zunächst zwar die räumlichen Grenzen der Jungen, aber letztlich eröffneten sich neue Spielmöglichkeiten für alle Kinder – über die bisherigen Schranken einseitiger Vorstellungen hinaus.

Die Sache mit der Geschlechter-Konstanz

Die Zuordnung zu einem Geschlecht ist wichtig für die Vergewisserung der eigenen Identität.Für Kinder im Alter von vier bis fünf Jahren geht es um die Frage: Wer bin ich, und was unterscheidet mich von den anderen Kindern? Sie wollen wissen, welche Merkmale ihrer selbst konstant bleiben und welche nicht. In ihrem Lebensumfeld erfahren sie, dass die Zugehörigkeit zu einem Geschlecht mit Bedeutung aufgeladen ist. Die Stereotype, denen sie begegnen, und positive wie negative Vorstellungen über sich selbst, ihre Bezugsgruppe und andere Menschen übernehmen sie teilweise und entwickeln eigensinnig neue Theorien, die ihnen helfen, die Welt zu verstehen.

Ilka Wagner und Ulla Lindemann: Gibt es Mädchen- und Jungenfarben?

Gendersterotype beeinflussen Kinder stark, aber es gibt Möglichkeiten, sie gemeinsam zu thematisieren und abzubauen. Ilka Wagner, Erzieherin in der Berliner Europa-Kita in der Reichenberger Straße, berichtet im Gespräch mit Ulla Lindemann von der Beschäftigung mit stereotypen Farbvorstellungen:

Viele Erwachsene sagen: »Alle Mädchen lieben Rosa.« Andere finden: »Orange ist nichts für Jungen.« Kein Wunder, dass die Kinder das übernehmen.

Kürzlich berichtete Antons Mutter, ihr Sohn habe erzählt: »Manche Kinder sagen, dass meine Schuhe Mädchenschuhe sind. Nur weil sie lila sind.« Wir zeigten Anton, dass unser Kollege oft ein lila T-Shirt trägt. Aber das half dem Jungen nicht. Deshalb beschlossen wir, uns mit den Kindern anzusehen, wie das eigentlich mit den Farben ist. Unser Ziel war, dass Antons Schuhfarbe akzeptiert wird. Außerdem wollten wir die Kinder ermutigen, sich eine breitere Palette an Farben als in den Regalen für Kinderbekleidung anzueignen und einseitigen Aussagen von Erwachsenen in ihrer Umgebung entgegenzutreten. Nicht zuletzt wollten wir erreichen, dass Eltern ihre farblichen Vorgaben für Jungen und Mädchen überdenken. Anton hatte uns gestattet, den anderen Kindern in der Morgenversammlung von seinem Unwohlsein zu erzählen. In der Kreismitte lagen große Papierbögen mit dem Umriss eines Mädchens, dem eines Jungen und daneben Papierschnipsel in vielen Farben. Wir baten die Kinder, Schnipsel in den Farben auf die Figuren zu kleben, von denen sie denken, dass sie zu einem Mädchen oder Jungen passen. Als alle Kinder fertig waren, schauten wir uns den Jungen und das Mädchen an. Und siehe da: Auf beiden Umrissen klebten die gleichen Farben! Bei beiden gab es Rot, Gelb, Orange, Lila, Grün, Blau, Silber, Rosa und Braun. Die Kinder fanden also, dass Mädchen und Jungen alle Farben tragen können.

Nun bekam jedes Kind – seinem Geschlecht entsprechend – ein Blatt mit einer Mädchen- oder Jungenfigur und konnte die Farben aufkleben, die es schön findet. Wieder stellten wir fest, dass bei Jungen und Mädchen alle Farben vorkommen.

Wir fotografierten alle Kinder, klebten die Fotos der Jungen auf ein Plakat und die der Mädchen auf ein anderes, schrieben auf, welche Farben die Kleidung der Jungen und welche die der Mädchen hat, verglichen und sahen: Jungen und Mädchen tragen alle Farben. Damit war bewiesen: Lila ist keine Mädchenfarbe. Nicht nur Mädchen tragen Lila, sondern auch Jungen.

Für die Eltern und für Besucher gestalteten wir ein Plakat, das den ganzen Prozess dokumentierte – verbunden mit dem Hinweis an die Erwachsenen, in Bezug auf die Farben der Kleidung doch »keinen Quatsch zu erzählen«. Es gibt keine Jungenfarben und Mädchenfarben! Alle können alles tragen! Und Anton zieht seine lila Schuhe nun ohne Anfechtung an.

Einige Kinder erzählten ihren Eltern von unserer Untersuchung, die uns daraufhin ansprachen. Manche wurden nachdenklich und meinten, dass sie sich in Zukunft mit einseitigen Äußerungen zu den Farben zurückhalten wollen. Andere Eltern waren froh, weil sie jetzt Argumente hatten, wenn ihre Kinder die stereotypen Aussagen ihrer Umwelt reproduzierten.

Wir hätten nicht gedacht, dass die Auffassung von speziellen »Mädchenfarben« und »Jungenfarben« immer noch so verbreitet ist. Das zeigt, dass wir Erwachsene Kindern nach wie vor einseitige Vorstellungen vermitteln, die sich hartnäckig halten. Dennoch kann man etwas dagegen unternehmen.

Berit Wolter: Die Sache mit den Geschlechtern[91]

Aktuelle Ansätze, die sich mit »geschlechtstypischem« Verhalten beschäftigen, gehen meist von einer nicht klar zu differenzierenden Wechselwirkung zwischen biologisch angelegten Unterschieden und Umwelteinflüssen aus.[92] Im Hinblick auf die pädagogische Arbeit ist relevanter, dass die Umwelt und unmittelbare Vorbilder die Vorstellungen junger Kinder über die Kategorie Geschlecht und die eigene Verortung darin beeinflussen.

Von Anfang an beobachten Kinder und ziehen ihre Schlüsse. Sie experimentieren mit Äußerungen und Handlungen und entwickeln – in Wechselwirkung mit den Reaktionen darauf – eigene Theorien zum Thema »Geschlechtszugehörigkeit«. Sie lernen, dass Geschlecht wichtig zu sein scheint und es zwei Kategorien gäbe: männlich und weiblich. So wachsen sie in eine Welt der Zweigeschlechtlichkeit hinein und lernen früh, anhand welcher äußeren Merkmale Menschen einer der beiden Optionen zugeordnet werden.

Zunächst sind es nicht vorrangig anatomische Unterschiede, sondern Haartracht und Kleidung, Verhaltensweisen, Vorlieben und Interessen – also soziale Konstrukte. Der Druck, sich einer der beiden Gruppen eindeutig zuzuordnen, ist mächtig, obwohl die Unterschiede innerhalb der Gruppe der Jungen oder Mädchen genau so groß sind wie die zwischen den Gruppen und obwohl die tatsächliche geschlechtliche und sexuelle Vielfalt weit über das bipolare Geschlechtermodell hinausgeht.[93]

Kinder entnehmen Geschlechter-Informationen nicht nur expliziten Interaktionen, sondern auch Bilderbüchern, Hörspielen, Filmen und Werbeplakaten. Nach und nach erschließt sich ihnen die Gesamtheit des als »heteronormative Matrix« bezeichneten Gefüges: Menschen mit bestimmten Körpern definieren sich als das zugeschriebene Geschlecht, verhalten sich entsprechend, sehen entsprechend aus und bilden heterosexuelle Partnerschaften. Trotz der Erweiterung zur Verfügung stehender Rollenangebote für Mädchen/Frauen und Jungen/Männer gibt es in diesem Gefüge noch immer nach Geschlecht differenzierte Möglichkeiten und Grenzen denkbaren Verhaltens, die reale Auswirkungen auf Individuen haben. Dies betrifft vor allem jene, die durch ihre Geschlechtsidentität oder sexuelle Orientierung dieser Norm nicht entsprechen: trans- und intergeschlechtliche Menschen, homo-, bi- und asexuelle und weitere queere Identitäten.

Es ist wichtig, Kinder zu ermutigen, ihre Vorstellungen über »Geschlechterfragen« zu erweitern. Dies setzt voraus, dass pädagogische Fachkräfte ihre eigenen Annahmen zum Thema Geschlecht reflektieren, eigene Verhaltensweisen und die pädagogische Praxis kritisch beleuchten. Die Gestaltung der Lernumgebung und die Rollenaufteilung im Team, die Reflexion des eigenen Sprachgebrauchs

---

91 Ausführliche Textfassung als Download unter: www.kinderwelten.net
92 Rohrmann 2009
93 SFBB/QUEERFORMAT 2012, 97

und konsequente, unaufgeregte Reaktionen bei diskriminierendem Verhalten unter Kindern sind notwendig, um eine Umgebung zu schaffen, in der alle Kinder mit all ihren Eigenschaften, Gefühlen und Interessen sichtbar werden und positive Erfahrungen machen können.

Wenn Kinder die Gelegenheit haben, sich über Geschlechterfragen auszutauschen, und in einem Setting aufwachsen, das mit Stereotypen bricht, lernen sie: Es gibt keine Jungen- und Mädchenfarben, -kleidungsstücke, -spielzeuge oder -tätigkeiten. Auch in anderen Fällen von Diskriminierung merken Kinder, dass etwas nicht in Ordnung ist. Eine geschützte und mit inklusiven Materialien ausgestattete Umgebung gibt ihnen die Chance, dies auszusprechen – insbesondere, wenn die Erwachsenen die Auseinandersetzung ermöglichen und anregen.

Das Tatsache-oder-Vorurteil-Spiel

Um das Wissen von Kindern über Stereotype und Vorurteile zu erweitern, führte ein Team in einer Gruppe fünf- bis sechsjähriger Kinder das Tatsache-oder-Vorurteil-Spiel ein. Die Erzieher_innen definierten das Wort Tatsache als etwas, dem alle zustimmen, weil es wahr ist. Vorurteile hingegen sind nicht immer wahr, obwohl manche Menschen davon überzeugt sind. Auf den Vorschlag, das Spiel mit einigen geläufigen Stereotypen auszuprobieren, gingen die Kinder ein.

Ein Beispiel: »Manche Menschen sagen, dass Jungen schneller rennen können als Mädchen. Lasst uns herausfinden, ob das stimmt.« Mit ihren Erzieher_innen gingen die Kinder nach draußen, maßen eine Strecke ab und stoppten die Zeit, die jedes Kinder für die Strecke brauchte. Heraus kam: Einige Jungen waren schneller als einige Mädchen, andere Mädchen waren schneller als andere Jungen. Die Kinder merkten: Es ist ein Vorurteil, dass Jungen schneller rennen als Mädchen.

Noch ein Beispiel: Vor kurzem sagte ein Kind: »Nur Mamas kochen.« Stimmt das? Alle Kinder wurden befragt, Bücher wurden angeschaut, und es stellte sich heraus: In manchen Familien kochen die Mütter, in anderen die Väter, in einer Familie kocht die Oma, in einer anderen der große Bruder, und in manchen Familien kochen alle besonders gern gemeinsam.[94]

---

94 Derman-Sparks/Olsen Edwards 2010, 99

Die Beispiele zeigen: Bleibt man offen für die Äußerungen der Kinder und bewertet sie nicht sofort, sondern gibt den Kindern die Chance, etwas selbst herauszufinden, ermutigt man sie, kritisch zu überprüfen, was der Wahrheit entspricht – und zwar auf der Basis von Erfahrung und Sachwissen. In den folgenden Beispielen geht es um Situationen, in denen Kinder mit ihren Erzieher_innen Erlebnisse in ihrer Umgebung zum Anlass nehmen, um Ungerechtigkeit zu thematisieren und faire Lösungen zu finden. In diesen Beispielen wird Lernumgebung weiter gefasst: Es ist der Sozialraum, in dem sich die Kita befindet und in dem die Kinder wohnen.

Falsch parken

In einer Kita fragten die Kinder die Erzieherin, was die blauen Schilder mit dem Rollstuhl bedeuten, die auf dem Parkplatz vor der Einrichtung zu sehen sind. Die Erzieherin erklärte ihnen: »Die Schilder weisen darauf hin, wer auf diesen Plätzen parken darf und woran man die Parkberechtigung erkennen kann.« Als die Kinder herausfanden, dass einige Leute aus der Kita unberechtigt auf den gekennzeichneten Plätzen parkten, waren sie empört und entwarfen Strafzettel, die sie unter die Scheibenwischer der Autos steckten. Nach kurzer Zeit parkte niemand mehr falsch.[95]

Rassismus im Alltag

Die Erzieherin einer Gruppe, der nur weiße Kinder angehören, ist mit den Kindern auf dem Weg zum Spielplatz. An einer Hauswand fällt ihr ein rassistischer Spruch auf. Sie sagt: »Wisst ihr, was da steht? Das macht mich ärgerlich!« Nachdem sie den Spruch vorgelesen hat, sprechen die Kinder darüber, was er bedeutet und wie schmerzhaft das für Menschen sein kann. Als die Erzieherin fragt, was man dagegen tun könnte, schlagen die Kinder vor, den Spruch zu übermalen. Am nächsten Tag tun sie das gemeinsam mit der Erzieherin.

Kurz darauf zeigt die Erzieherin den Kindern mehrere Bücher über Vorurteile, und es entwickelt sich ein intensiver Austausch. Das Ergebnis: Die Kinder gestalten ein Plakat, auf dem sie festhalten, was man tun kann, wenn ein Freund oder eine Freundin etwas Verletzendes über das Aussehen oder die Art und Weise eines Menschen sagt oder diesen Menschen hänselt.[96]

Auch diese Beispiele belegen, dass Kinder Ungerechtigkeiten wahrnehmen. Pädagogische Fachkräfte müssen aufmerksam für die Beobachtungen der Kinder sein und sie bei der Suche nach fairen Alternativen unterstützen.

---

95 Derman-Sparks/Olsen Edwards 2010, 5 (Übersetzung aus dem Englischen: Fachstelle Kinderwelten)
96 Derman-Sparks/Olsen Edwards 2010, 87 (Übersetzung aus dem Englischen: Sandra Richter)
97 Statt des diskriminierenden Begriffs »Indianer« wird das Kürzel »I« verwendet, um Diskriminierung nicht zu reproduzieren. Die sachlich korrekte Bezeichnung wäre Erstbewohnerinnen und Erstbewohner Amerikas oder First Nations oder Pueblos originarios der Abya-Yala."

Reflexionsfragen

- Bestätigen wir jedes Kind, dass es richtig ist, wie es ist – bezogen auf seine äußeren Merkmale, sein Geschlecht, seine Interessen, Fähigkeiten, Vorlieben und Gefühle? (1.5.1.)
- Überprüfen wir immer wieder, ob sich die Vielfalt der Gruppe in der Raumgestaltung und in der Materialausstattung widerspiegelt? (2.1.2.)
- Vermeiden wir stereotype und einseitige Darstellungsweisen der Unterschiede von Menschen und ihrer Gewohnheiten? (2.3.3.)
- Überprüfen wir mit den Kindern, was an einseitigen oder stereotypen Spielmaterialien, Büchern, Liedern und Bildern sachlich nicht korrekt oder ungerecht ist? (4.2)
- Stellen wir stereotype Vorstellungen und feste Bilder anhand von Gegenbeispielen und Gegenerfahrungen infrage? (3.2.4.)
- Achten wir darauf, dass Bilder von Bevölkerungsgruppen – zum Beispiel der Erstbewohner_innen Amerikas (»I«)[97] oder von Menschen aus afrikanischen oder asiatischen Ländern – nicht ausschließlich aus der historisch einseitigen Sicht – arm, in »traditioneller« Bekleidung oder in ländlicher Umgebung – gezeigt werden? (2.2.5.)

8. Wir können etwas verändern – Ermutigende Beispiele in der Lernumgebung erfahrbar machen

Kinder entwickeln ihre Konzepte von Gerechtigkeit im sozialen Miteinander. Zunächst bedeutet Gerechtigkeit meist Gleichbehandlung. Mit zunehmender Empathie-Entwicklung erweitern Kinder das Verständnis für unterschiedliche Bedürfnisse, differenzieren ihre Gerechtigkeitskonzepte und entwickeln in Konflikten soziale Strategien, die sie auch anwenden, wenn es um Fragen von Zugehörigkeit oder Ausgrenzung geht.

Bei diskriminierenden Aussagen oder Handlungen und ungerechtem Verhalten benötigen Kinder die Unterstützung Erwachsener, um Widerstand zu leisten. Wird dies auch öffentlich kenntlich, wissen alle: Diese Einrichtung ist kein Ort, an dem so etwas geduldet wird, und die von Ausgrenzung betroffenen Kinder lernen, dass Hilflosigkeit und Ohnmacht überwunden werden können. Kinder, die andere Menschen ausgegrenzt haben, erleben, dass dies nicht akzeptiert wird. Alle Kinder erfahren, dass die Erwachsenen ihnen Schutz und Sicherheit bieten.

Die Grundregel, dass kein Kind und kein Erwachsener wegen eines Aspekts seiner Identitätsmerkmale schlecht behandelt werden darf, muss für alle sichtbar sein, sich also auch in der Lernumgebung widerspiegeln. Dies ermutigt die Kinder zu benennen, was sie als ungerecht empfinden, denn sie können davon ausgehen, dass sie von den Erwachsenen unterstützt werden, sich zur Wehr zu setzen.

Vorurteilsbewusste Bildung und Erziehung fördert das Kritisch- und Aktiv-Werden. Kinder, die bestärkt werden, ihrem Gerechtigkeitsempfinden zu folgen, entwickeln schon bald Ideen, wie sie helfen oder eingreifen können, und lernen, andere Menschen um Hilfe zu bitten, wenn ihre Kraft nicht ausreicht. Darstellungen ermutigender Beispiele in der Lernumgebung befördern diese Prozesse: Geschichten und Bilder, die die Kinder anregen und ihnen deutlich machen, dass es möglich ist, Position gegen Ungerechtigkeit zu beziehen.

Pädagogische Fachkräfte tragen als Vorbilder bei der Gestaltung der Umgebung und bei der Auswahl von Materialien Verantwortung für die Lernchancen, die sich den Kindern bieten.

Ilka Wagner und Ulla Lindemann:
Wir nennen die Dinge beim Namen

Im Gespräch mit Ulla Lindemann berichtet Ilka Wagner, Erzieherin in der Europa-Kita des VAK e.V. in der Reichenberger Straße, wie bei der Beschäftigung mit einem Sachthema ein intensiver Austausch mit den Kindern über ihre Gefühle und über soziale Themen entstand, der in dokumentierter Form Eingang in die Lernumgebung fand:

Bei einem Projekt zum Thema »Gesundheit« ging es auch um die Frage, was Kinder für ihre Entwicklung brauchen. Darüber wussten die Fünf- bis Sechsjährigen schon viel: Obst und Gemüse, genug Schlaf, Bewegung an frischer Luft, Zähne putzen, Hände waschen … Sie fanden, dass Fröhlichsein und Wohlfühlen auch wichtig sind. Also fragte ich: »Was macht euch froh? Wann fühlt ihr euch wohl?« Da berichteten die Kinder von Erlebnissen in der Kita und zu Hause, die sie froh gemacht hatten.

Einen Jungen aus der Gruppe beschäftigte der Austausch offenbar weiter. Am nächsten Tag sagte er in der Morgenversammlung: »Zum Großwerden brauche ich auch Liebe.« Er hatte Recht und inspirierte mich zu der Frage: »Wer liebt dich, und woran merkst du, dass du geliebt wirst?« Mit leuchtenden Augen erzählten die Kinder, wer sie liebt und woran sie das merken. Es war zu spüren, wie glücklich sie über die liebevolle Zuwendung in ihren Familien sind.

In den nächsten Tagen war Thema, was den Kindern nicht gut tut. Immer mal wieder hatte sich ein Kind beklagt, dass es gehauen, dass ihm etwas weggenommen oder zerstört worden war. Wir tauschten uns darüber aus, wie sie sich fühlen, wenn so etwas passiert. Alle Kinder benannten mit ihren Worten, was ihnen am Handeln anderer Kinder nicht gefällt und dass sie dann wütend, böse oder traurig sind. Dabei wurde erkennbar, dass die Kinder genau wissen und ausdrücken können, was sie nicht mögen, und dass sie interessiert daran sind, von den anderen Kindern zu hören, wie es ihnen geht. Ich erklärte, warum es so wichtig ist, dass alle versuchen, die Grenzen anderer Menschen zu akzeptieren, und sagte: »Ich möchte, dass ihr euch alle wohlfühlt und gern in die Kita kommt.«

Bald darauf stellte ich fest: Die Bereitschaft der Kinder, aufeinander zu achten, Grenzen zu respektieren und Konflikte mit Worten auszutragen, war gewachsen. Gemeinsam trafen wir neue Verabredungen für den Umgang miteinander, die diese Bereitschaft untermauerten.

Das Thema »Gefühle« beschäftigte uns noch eine ganze Zeit. Wir sprachen oft darüber, mit welchen Erfahrungen sie zusammenhängen, und es fiel den Kindern zunehmend leichter, Vorlieben und Abneigungen deutlich auszudrücken.

Etwas später bekam ich mit, dass sich ein paar Kinder über Erwachsene unterhielten. Ich hatte den Eindruck, dass sie etwas auf dem Herzen hatten und sich mir anvertrauen wollten. Also fragte ich, was ihnen an Erwachsenen nicht gefällt. Sie sagten:

»Wenn Erwachsene Schimpfwörter benutzen.« // »Wenn die Eltern schreien.« // »Wenn Kinder traurig sind oder weinen und Erwachsene darüber lachen.« // »Wenn mein Papa mich haut.« // »Wenn meine Mama mich haut.«

Ich war berührt, dass die Kinder mit mir auch über solche negativen Erfahrungen sprachen. Es schien mir gelungen zu sein, ihnen zu vermitteln, dass ich ihre Gefühle ernst nehme. Außerdem hatte ich den Eindruck, sie wünschten sich möglicherweise Unterstützung. Ich nahm meinen Mut zusammen und sagte ihnen, dass Erwachsene nicht hauen dürfen, auch die Eltern nicht, und dass es sogar ein Gesetz gibt, das so etwas verbietet. Dann schrieb ich die Sätze der Kinder auf, klebte sie mit ihnen auf ein Plakat und befestigte es an der Pinnwand. Darüber brachte ich den erwähnten Gesetzestext auf Deutsch und Türkisch an: »Kinder haben ein Recht auf gewaltfreie Erziehung. Körperliche Bestrafungen, seelische Verletzungen und andere entwürdigende Maßnahmen sind unzulässig.« Eltern, die das lasen, reagierten betroffen, nachdenklich und selbstkritisch:

»Stimmt, wir sagen den Kindern immer, sie sollen nicht hauen. Aber mir rutscht schon manchmal die Hand aus.« // »Mir auch. Ich weiß mir in dem Moment nicht anders zu helfen.« // »Mir tut das sehr leid. Ich entschuldige mich dann.«

Ich war froh, meinem Impuls gefolgt zu sein, mit den Kindern über ihre Rechte zu sprechen. Dieser Schritt war nicht leicht für mich, aber mittlerweile nenne ich die Dinge beim Namen. Das gehört meiner Ansicht nach dazu, wenn man Kinder wirklich ernst nehmen will. Es war auch wichtig, noch einen Schritt weiter zu gehen, die Eltern mit der Sicht ihrer Kinder zu konfrontieren und darauf hinzuweisen, welche Rechte Kinder haben. Ich war mir ziemlich sicher, dass niemand annahm, ich wolle damit einen Keil zwischen Kinder und Eltern treiben. Trotzdem war ich erleichtert, dass Eltern so einfühlsam und selbstkritisch reagiert hatten. Das ermutigte mich, mit ihnen im Gespräch über den respektvollen Umgang mit den Kindern zu bleiben.

Kinderrechte

Dass es gesetzlich verankerte Kinderrechte gibt, ist vielen Erwachsenen bekannt. Doch nur wenige Kinder wissen das und können sich vorstellen, was hinter dem Wort »Kinderrechte« steckt. Dies erklärt das Buch »Ich bin ein Kind und ich habe Rechte«[98]. Altersgerecht vermittelt es Kindern Wissen und ermutigt sie, ihre Rechte auf der Basis von Sachinformationen einzufordern und zu verteidigen. Auf 54 Seiten, liebevoll illustriert und verständlich geschrieben, werden die wichtigsten Kinderrechte benannt und erklärt. Man kann einzelne Seiten auf A3 vergrößern, kopieren, laminieren und mit Kindern über die jeweils behandelten Rechte sprechen. Wahrscheinlich werden sie zu Hause davon erzählen...

---

98 Serres/Fronty 2013

Es ist wichtig, dass Kinder auf ihre Rechte aufmerksam gemacht werden und Unterstützung erhalten, für sie einzutreten. Ebenso wichtig ist ein geschützter, sicherer Raum, der es ihnen ermöglicht, ihre Fragen und Meinungen zu äußern – auch und gerade dann, wenn sie sich von den Meinungen anderer Kinder unterscheiden. Die Ergebnisse der Gespräche fließen in den sichtbaren Teil der Lernumgebung ein und werden zu deren festem Bestandteil.

Dass ausreichend Zeit für solche Gespräche zur Verfügung steht, sollte ebenso selbstverständlich sein wie die Achtsamkeit der pädagogischen Fachkräfte für möglicherweise ausgrenzende Prozesse.

Ilka Wagner und Ulla Lindemann: Jeder Mensch kann glauben, woran er möchte

Im Gespräch mit Ulla Lindemann schildert Ilka Wagner, wie sie und ihr Team aus der Europa-Kita Reichenberger Straße dafür sorgen, dass Einseitigkeiten nicht unwidersprochen bleiben, damit Kinder ermutigt werden, sich gegen Ungerechtigkeiten zur Wehr zu setzen:
Ein methodisches Prinzip in unserer Arbeit ist, Äußerungen von Kindern – spontane oder Beiträge aus Gesprächsrunden – aufzuschreiben, um den Kindern zu zeigen, dass wir ihre Gedanken und Worte ernst nehmen. Weil sie noch nicht lesen können, müssen sie erkennen können, worum es geht. Also verwenden wir auch Symbole und Farben, die die Kinder aussuchen, und kleben Fotos oder Zeichnungen zu den Texten. Dies sorgt für den Wiedererkennungseffekt und gestattet es allen, sich auf Äußerungen zu beziehen. So etwas geschieht tatsächlich, denn manche Themen beschäftigen die Kinder immer mal wieder. Auch beim Vorlesen ergeben sich Gespräche, in denen die Kinder sich mit den Botschaften der Bücher auseinandersetzen und sie mit ihrem Weltwissen verbinden. Ihre Äußerungen versuchen wir festzuhalten. Dabei achten wir darauf, wer sich wie beteiligt und wer nicht. Manchmal passiert es nämlich, dass viele Kinder eine bestimmte Meinung vertreten, einander durch ähnlich lautende Beiträge unterstützen, während ein Kind keinen Ton dazu sagt. Doch auch dieses Kind soll seine Gedanken, Fragen und seine Meinung einbringen können, damit keine einseitige Position entsteht und stehen bleibt. Also ermutige ich das Kind, es sich nicht gefallen zu lassen, dass seine Ansicht nicht gehört wird.

Als wir uns ein Buch über Religionen angesehen hatten, entstand unter den Kindern ein Streit über Gott. Wie ist Gott? Einige Kinder meinten: »Der ist streng.« Andere sagten: »Gott ist ganz lieb.« Unterschiedliche Vorstellungen gab es auch darüber, wo Gott zu finden ist: »Gott lebt in den Wolken.« »Nein, der lebt auf den Planeten.« »Nee, er lebt in den Planeten.« Ein Kind sagte: »Er kann gar nicht sterben, er ist ja schon gestorben.« Und ein anderes behauptete: »Den gibt's doch gar nicht.« Viele Kinder stimmten dieser Aussage zu. Ein Kind fand: »Wer an Gott glaubt, der spinnt.« All das hörte sich ein Junge schweigend an. Als ich ihn bat, zu sagen, was er denkt, fragte er, ob wir an Gott glauben, und meinte damit meine Kollegin und mich. Meine Kollegin Selma sagte: »Ich glaube an Gott.« Ich erklärte, dass ich nicht an Gott glaube, und sagte: »Manche Menschen tun das, andere nicht. Jeder Mensch kann glauben, woran er möchte, und es ist nicht okay, jemanden, der an etwas glaubt, blöd zu finden.« Das schien den Jungen zu erleichtern. Er sagte: »Also, ich glaube an Gott.« Kinder, die die Meinung vertreten hatten, dass es keinen Gott gebe, nahmen das gelassen zur Kenntnis.

Die Anerkennung unterschiedlicher Sichtweisen und die Ermutigung zum eigenen Fühlen, Denken, Glauben, zu den eigenen Vorlieben und Abneigungen ist die Grundlage dafür, dass Kinder lernen, sich zu wehren, wenn sie oder andere Menschen wegen eines Teils von sich und damit häufig auch als ganze Person abgelehnt und ausgegrenzt werden.

Der nächste Schritt besteht darin, gemeinsam zu besprechen, in welcher Art von Umgebung man miteinander leben möchte. Die Ergebnisse dieser Dialoge können festgehalten und für alle – die Kinder, das Team und die Eltern – sichtbar gemacht werden. Auch das gehört zur gemeinsamen Gestaltung einer Umgebung, die die Botschaft vermittelt: Alle Kinder haben die gleichen Rechte, Ausgrenzung und Diskriminierung werden bei uns nicht akzeptiert.

Antje Kächele und Karin Bauer: Eine Hausordnung entsteht

Auch im evangelischen Kinder- und Familienzentrum Martinskirche in Stuttgart setzt sich das Team immer wieder mit dem Thema »Faires und unfaires Verhalten« auseinander. Im Dialog mit Kindern und Eltern geht es um Fragen wie: Wo nehmen wir unfaires Verhalten wahr? Welche Gefühle löst es in uns aus? Wie können wir ein Zeichen setzen, dass wir unfaires Verhalten nicht dulden, und erreichen, dass sich alle in der Kita wohl und sicher fühlen? Inspiriert von der Hausordnung einer Grundschule im Stadtteil, erarbeiteten Kinder und Erwachsene schließlich eine Kita-Hausordnung. Antje Kächele, Erzieherin, und Karin Bauer, Leiterin der Einrichtung, berichten:

Mit den Kindern tauschten wir uns in Kinderversammlungen darüber aus, welche Regeln ihnen in unserem Kinder- und Familienzentrum wichtig sind. Mütter, Väter und alle Teammitglieder diskutierten während eines gemeinsamen Forums, was in die Hausordnung aufgenommen werden soll. Aus der Fülle von Anliegen und Wünschen erarbeitete das Team anschließend die folgende Hausordnung. Eine Kollegin stellte die Regeln bildlich dar, um den jüngeren Kindern das Verständnis zu erleichtern.

Unsere Hausordnung

Wie wir miteinander leben wollen:

Alle – Kinder, Eltern, Mitarbeiterinnen und Mitarbeiter – sollen sich in der Kita wohl fühlen. Jede und jeder soll Schutz und Hilfe erhalten.

Deshalb gelten für alle Menschen in unserer Kita folgende Regeln:

Wir begrüßen und verabschieden uns.

Wir achten einander in unserer Verschiedenheit und gehen fair miteinander um. Niemand darf diskriminiert oder beleidigt werden.

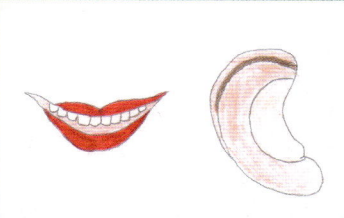

Wir sprechen freundlich miteinander, hören einander zu und lassen einander ausreden.

Wir gehen achtsam miteinander um und verletzen einander nicht.

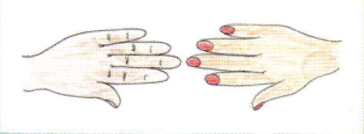

Wir lösen Konflikte gemeinsam.

Wir achten fremdes Eigentum, nehmen einander nichts weg und machen nichts kaputt.

Wir achten darauf, unsere Räume in Ordnung zu halten, damit sich alle wohl darin fühlen können.

Wie sorgen wir dafür, dass alle Kinder und Erwachsenen unsere Hausordnung kennen und sie als Grundlage für unser Zusammensein akzeptieren? Natürlich muss sich jedes neue Teammitglied mit der Hausordnung vertraut machen, um als Vorbild wirken zu können. Wird ein neues Kind aufgenommen, händigen wir der Familie die Hausordnung aus. Als großes Plakat hängt sie in Bild- und Schriftform im Eingangsbereich. Oft nutzen wir sie als Grundlage für Gespräche mit Kindern und Erwachsenen.

Die Schulkinder erarbeiten sich die Hausordnung in Form eines Puzzles für ihre Portfolios: Sie ordnen den Zeichnungen die entsprechenden Schriftzüge zu und machen sich so mit der Hausordnung vertraut.

Hollys Kummer

In einer Gruppe sieben- bis neunjähriger Hortkinder ist die Persona Doll Holly[99] zu Besuch. Die Erzieherin erzählt den Kindern, dass Holly Sorgen hat und sie um Hilfe bitten will: Vor kurzem ist Holly umgezogen und geht jetzt in eine neue Schule. In ihrer alten Schule hatte sie viele Freunde. In der neuen Schule hat sie das Gefühl, dass die Kinder sie nicht mögen. Wenn alle zum Schwimmen gehen und sich auf dem Weg an den Händen halten müssen, will niemand ihre Hand halten. Deshalb ist Holly traurig. Was soll Holly tun? Daraufhin entstand folgendes Gespräch mit Holly:

Lisa: Als ich in die Schule kam, mochte mich niemand in meiner Klasse. Aber in der anderen Klasse hatte ich viele Freunde. Gibt es in deiner Schule zwei Klassen?

Erzieherin (mit Holly): Leider gibt es nur eine Klasse. Holly kann nicht wechseln.

Lisa: Dann musst du welche fragen, ob sie mit dir spielen. Wenn ihr zusammen spielt, dann werdet ihr Freunde.

Erzieherin: Danke für deinen Vorschlag.

Jona: Holly kann fragen, aber wenn die anderen sie nie fragen… In unserer Schule könnte sie es der Lehrerin sagen. Wir haben eine Regel in unserer Klasse: Du sollst niemanden ausschließen. Hat Holly mit ihren Eltern gesprochen?

Erzieherin (mit Holly): Sie sagt, sie will ihren Eltern keine Sorgen machen.

Jona: Aber es wäre eine Möglichkeit. Wenn sie könnte, sollte sie mit ihnen sprechen.

Erzieherin (mit Holly): Ihre Eltern sind immer so beschäftigt. Aber vielleicht wird sie es versuchen. Danke für deinen Vorschlag.

Mila: Am Anfang hab ich gedacht, dass ich keine Freunde habe, wenn ich in die Schule komme. Aber dann haben wir ein Picknick mit ein paar Kindern gemacht, die auch in meine Klasse kommen sollten. Und dabei haben wir uns kennen gelernt.

Erzieherin (mit Holly): Das ist prima.

Lisa: Holly, du solltest zu deiner Lehrerin gehen und ihr sagen, dass niemand mit dir spielt und so. Und die Lehrerin soll mit der Klasse sprechen. Nicht über dich, aber über die Regeln in der Klasse, dass man zusammen spielen und niemanden außen vorlassen soll.

Erzieherin: Warum denkst du, dass die Lehrerin Hollys Namen lieber nicht nennen soll?

99 Persona Doll Training o. J., Filmausschnitt, www.persona-doll-training.org, Übersetzung: Fachstelle Kinderwelten

Lisa: Das könnte ihr peinlich sein. Die Kinder würden dann vielleicht darüber sprechen, wenn Holly nicht dabei ist. Und wenn sie dann später dazukommt, starren sie sie an und denken, sie sei ein bisschen komisch.

Erzieherin (mit Holly): Holly sagt, du verstehst sie wirklich gut. Genau das befürchtet sie. Wenn die Lehrerin ihren Namen sagt, dann ist ihr das peinlich. Und sie findet deine Idee gut. In ihrer letzten Schule hatten sie Klassenregeln. Aber in der neuen Schule gibt es keine.

Danach drehte sich das Gespräch um die Klassenregeln: Welche Regeln gibt es bei den Kindern? Wer hat sie erarbeitet und beschlossen?

Die Kinder beziehen sich auf bestehende Regeln und versuchen so, Gerechtigkeit herzustellen. Im Gespräch zeigen sie sich als kompetent, was das Thema »Ausgrenzung und Ungerechtigkeit« anbelangt. Sie können sich in Hollys Situation hineinversetzen, auf der Sachwie auf der Gefühlsebene, und verbinden Hollys Ausgrenzungserfahrungen mit eigenen Erfahrungen. Etwas in Frage zu stellen und gemeinsam zu besprechen, Ideen und Argumente auszutauschen, nach fairen Lösungen zu suchen – all das sind grundlegende Elemente der vorurteilsbewussten Arbeit. Außerdem eignen sich die Kinder in solchen Gesprächen Worte für das an, was sie als unfair erleben, und lernen, sich für sich selbst und für andere Menschen einzusetzen.

Silvia Greffenius: Die Barbie-Puppen und wir

Die Erzieherin Silvia Greffenius beschreibt, wie es zur gemeinsamen Umgestaltung stereotypen Spielmaterials kam:

Als wir uns in unserer Gruppe auf die Suche nach einseitigen Materialien machten, dachte ich sofort an die Barbie-Puppen: ein Sammelsurium langbeiniger, schlanker, vollbusiger Frauen in grellen Outfits oder Prinzessinnenkleidern. Sie verkörpern exakt den Frauen-Typ, der in den Medien und besonders in der Werbung häufig dargestellt wird, obwohl er weit von der Realität entfernt ist. Wie müsste eine Barbie-Puppe aussehen, die die Individualität von Frauen widerspiegelt, denen die Kinder tagtäglich begegnen? Ich beschließe, dies mit ihnen herauszufinden.

In der ersten Gesprächsrunde frage ich die Kinder, was ihnen an den Puppen auffällt und worin sie sich unterscheiden. Die Kinder sagen, dass es zwar unterschiedliche Haarlängen gibt, die meisten Barbies jedoch blond sind, fast alle glatte Haare und helle Haut haben. Auf die Frage, ob die Barbies denn sind wie wir, antworten die Kinder: »Nein, sind sie nicht, denn wir sehen nicht alle gleich aus.« Als ich sie frage, wie die Puppen aussehen sollten, damit die Kinder alles, was sie möchten, damit spielen können, sagen sie: »Sie sollen verschieden sein, groß, klein, dick, dünn, mit kurzen Haaren oder Locken. Manche müssten dunkle Haut haben, und eine könnte ein Baby bekommen.«

Gemeinsam überlegen wir, was wir tun könnten, um die Puppen »echter« und damit auch »richtiger« aussehen zu lassen. Den Kindern fällt ein: »Wir könnten ihnen mit Knete Bäuche machen.« Zwei Barbies kriegen »Babybäuche«, und die anderen bekommen mittels Knete an Bauch, Po und Beinen mehr Umfang. Als ein Mädchen merkt, dass zwei Puppen die Bäuche noch fehlt, sagt ein anderes Kind: »Brauchen die nicht, sonst sind sie ja wieder alle gleich.«

Nun sind die Haare dran. Die Kinder schlagen vor: »Wir könnten sie einfach abschneiden.« Also bekommen einige Puppen kurze oder schulterlange Haarschnitte.

Als ich die Aufmerksamkeit auf die Haarfarbe der Puppen lenke, stellen wir fest, dass keine Puppe so rote Haare hat wie die Kollegin aus der Nachbargruppe. Sofort holen die Kinder Filzstifte und machen aus blonden Haaren rote. Eine andere Puppe bekommt »weiße Haare wie Oma Lina«.

Ein Junge, der beim ersten Gespräch nicht dabei war, sagt später: »Meine Mama trägt ein Kopftuch, wenn wir draußen sind.« Kein Problem. Aus einem kleinen Stück Stoff wird ein Kopftuch, das eine Puppe jetzt trägt.

Doch was war mit der hellen Hautfarbe? Wieder kamen die Filzstifte zum Einsatz. Die Körper zweier Puppen wurden mit jeweils verschiedenen Brauntönen bemalt. Danach fiel den Kindern auf, dass die ursprünglichen Kleider den Barbies nicht mehr passen werden. Also nähten wir gemeinsam ein paar neue Sachen. Dabei fragte ich, ob Frauen nicht auch arbeiten gehen. »Doch!« riefen die Kinder. Als ich wissen wollte, für welche Berufe es Bekleidungen geben sollte, schlugen die Kinder vor: »Ärztin, Köchin oder einfach Jeans und Pullover, denn damit geht meine Mama ins Büro.« Die entsprechenden Kleidungsstücke nähte ich zu Hause. Als ich die Sachen mitbrachte, rief ein Junge: »Jetzt sieht die Barbie aus wie meine Mama! Die ist nämlich Köchin.« Ein Mädchen sagte: »Solche Sachen zieht meine Mama auch gern an.« Schließlich verglichen wir die Gesichter der Barbies mit unseren eigenen Gesichtern. Dabei fiel auf, dass keine Puppe eine Brille trägt. Schnell schuf ein Filzstift Abhilfe: Zwei Barbies tragen nun Brillen.

Interessant war Folgendes: Plötzlich gaben die Kinder jeder Puppe eine Biografie. Und dass einer Barbie ein Arm fehlte, war kein Grund mehr, nicht mit ihr zu spielen. Sie hatte den

Arm bei einem Unfall verloren. Überhaupt identifizierten sich die Kinder mehr und mehr mit den umgestalteten Puppen. Als Kinder aus anderen Gruppen zu Besuch kamen, um die »neuen« Puppen anzuschauen, erklären sie mit größter Selbstverständlichkeit, was sie warum verändert hatten.

Ohne mein Zutun fiel den Kindern kurze Zeit später auf, dass auch die Barbie-Männer nicht den Jungen oder ihren Vätern entsprechen. Das wird nun unser nächstes Projekt.

Hautfarben?

Eine Kindergruppe entdeckt die Aufschrift »hautfarben« auf einer Pflasterpackung. »Was bedeutet das? Was glaubt ihr?« fragt die Erzieherin. »Diese Pflaster passen zur Hautfarbe«, sagen die Kinder. Es folgt eine kleine Untersuchung: Die Kinder vergleichen die Pflasterfarbe mit ihren Hautfarben – zuerst in der Gruppe, dann bei Kindern aus anderen Gruppen und aus ihren Familien. Dabei stellen sie fest, dass die Bezeichnung »hautfarben« nicht korrekt und außerdem unfair ist, weil die meisten Kinder und Erwachsenen andere Hautfarben haben. Sie schreiben dem Pflasterhersteller einen Brief und erhalten als Antwort ein Paket mit durchsichtigen Pflastern. Darüber freuen die Kinder sich und finden: »Diese Pflaster sind fair!« [100]

Männer sehen auch fern!

Den Kindern eines Kindergartens in Bad Friedrichshall fällt auf, dass auf den Fernsehzeitschriften immer nur Frauen abgebildet sind. Sie überprüfen das und sehen eine große Zahl von Heften durch. Das Ergebnis: Tatsächlich ausschließlich Frauen! Darüber wundern sich die Kinder: »Männer sehen doch auch fern! Haben die etwa keine Bilder von Männern?« Ihre Erzieherin ermuntert sie, dem Zeitschriften-Verlag einen Brief zu schreiben, und sie diktieren ihr, was sie wissen wollen. Für alle Fälle fertigen sie noch ein paar Zeichnungen von Männern an und bringen den Brief zur Post.

Einige Zeit später bekommen die Kinder Antwort aus dem Verlag. In einem Brief bedankt sich ein Herr für die Anregung der Kinder und gibt ihnen in der Sache Recht. Beigefügt ist ein neues Titelblatt – mit den Männer-Zeichnungen der Kinder! Die Kinder sind stolz, weil sie etwas bewirkt haben.

---

100 Derman-Sparks 1998, 11

Über die eigene Kita hinaus etwas bewirken zu können, das ist ein bestärkendes Erlebnis. Solche Erfolge machen Mut und geben Sicherheit, wenn es darum geht, unrichtige oder ungerechte Vorgänge in den Blick zu nehmen. Das setzt allerdings Offenheit für die Fragen der Kinder voraus und die Bereitschaft, Normalitätsvorstellungen mit ihnen gemeinsam kritisch zu überprüfen. Natürlich klappt es nicht immer, dass Kritik angenommen wird. Auch darauf muss man gefasst sein: Widerstand hat nicht immer gleich Erfolg. Und trotzdem ist es gut, sich geäußert oder gewehrt zu haben.

Jago Becker und Ulla Lindemann: Nelson Mandela

Immer wieder gab – und gibt – es Menschen, die sich für Gerechtigkeit einsetzten und dafür viel riskierten, überall auf der Welt. Solche ermutigenden Beispiele sollten Kinder in ihrer Lernumgebung vorfinden: in Büchern, auf Postern und Bildern.
In der Berliner Kita Dresdener Straße von INA.KINDER.GARTEN führte der Erzieher und Kindheitspädagoge Jago Becker mit fünf- bis sechsjährigen Kindern ein Gespräch über den südafrikanischen Politiker Nelson Mandela, um ihnen ein solches Beispiel näherzubringen. Darüber berichtete er Ulla Lindemann:

In unserer Gruppe gibt es Eltern, die vom Tod Nelson Mandelas so berührt waren, dass sie mit ihren Kindern zu Hause darüber sprachen. Auch im Radio und im Fernsehen hatten Kinder vom Tod Mandelas erfahren. Manche wussten bereits, dass Mandela viele schlimme Dinge erlebt hatte und dass die Situation in Südafrika zur Zeit der Apartheid besonders problematisch war. Sie wussten: Mandela war ein ganz besonderer Mensch, der mit seinen Worten viel erreicht hatte.
Es gibt ein Märchenbuch von Nelson Mandela. Das brachte ich mit, las im Morgenkreis daraus vor und zeigte den Kindern ein Foto von Mandela. Ein Junge sagte, dass er das Buch auch zu Hause hat. Viele Kinder hörten aufmerksam zu und beteiligten sich an unserem anschließenden Gespräch:
Martina: »Mandela hat sich dafür eingesetzt, dass die Weißen die Schwarzen nicht mehr unterdrücken.«
Laura: »Was bedeutet unterdrücken?«
Konuk: »Unterdrücken heißt, dass sie die nicht gut behandeln.«

a kann Mandela insgesamt
gsarbeit zurückblicken. Doch
nicht ganz von der Politik
den libyschen Revolutions-
lich zu verdanken, dass die
ntäter des Bombenanschlags
zeug über dem schottischen
niederländischen Zeist vor
nnten. Für den Geschmack
wenig zu weit ging indes
eorge W. Bush zu Beginn des
ak-Krise, der amerikanische
denken«. Andererseits genoss
en beachtlichen Ruf, indem
Bagdad glaubwürdig darauf
Land in der Übergangsphase
itsregierung zur Regierung
sher beispielloser Weise sein
amm zugunsten einer medi-
rogramms umgestaltet hatte.
privatem und öffentlichem
eit einiger Zeit selbstgemalte
Erinnerungen an seine Haft-
Gegenstand haben. Der Erlös
stiftung, die sich um Straßen-
t zeigt sich an seinem Lebens-
nswerter Saldo: Erleichterung
996 erfolgte Scheidung von
dikizela-Mandela – bereitet
h unter ein quälendes Kapitel
ndelas setzte. Freuen wird er
it Graça Machel, der Witwe
agabsturz ums Leben gekom-
oçambique, Samora Machel.
Scheidungstermins vor Gericht
ndela einen abermaligen Beweis
mgang mit dem Gegner: Un-
ündung ließ der Präsident den
au quer durch den Verhand-
d gratulierte ihm vor den ver-
ner Verhandlungsführung.

*Nelson Mandela entlässt bei innerem Feuer zu
m Pulkträum eine weiße Taube in den Himmel.*

Jaqueline: »Ja, und es gab auch Kämpfe.«

Elif: »Und es gab auch Extra-Taxis für Schwarze und für Weiße.«

Jago Becker: »Wisst ihr, wie Mandela gegen diese Ungerechtigkeit gekämpft hat?«

Elif: »Der hat nicht mit Fäusten gekämpft, er hat mit Wörtern gekämpft. Er hat gesagt: Spinnt ihr wohl? Weil ihr eine weiße Haut habt, seid ihr noch lange nicht besser!«

Martina: »Nelson Mandela war ganz viele Jahre im Gefängnis, und die Bestimmer in Südafrika waren leider die Weißen.«

Beyhan: »Mandela sollte eigentlich sein Leben lang eingesperrt sein.«

Lucas: »Der Bundeskanzler von Südafrika damals, der wollten ihn nicht rauslassen. Aber die Menschen haben demonstriert und ganz viele Briefe an den Bundeskanzler geschrieben, bis sie ihn frei gelassen haben.«

Jago Becker: »Nelson Mandela ist vor ein paar Wochen gestorben. Darüber sind viele Leute auf der Welt traurig, weil er so ein guter Mensch war. Er war ein Vorbild.«

Mohammed: »Der hat alle richtig gut behandelt.«

Laura: »Der Nelson hatte eine Frau, die heißt Winnie. Die hat auch ganz viel geweint.«

Diese Aussagen hängten wir für die Eltern an der Info-Wand aus. Viele Eltern fanden es gut, dass wir über Mandela gesprochen hatten, und waren berührt von dem, was ihre Kinder gesagt hatten.

Reflexionsfragen

- Überprüfen wir mit Kindern, was an einseitigen oder stereotypen Spielmaterialien, Büchern, Liedern und Bildern sachlich nicht korrekt oder ungerecht ist? (3.2.2.)
- Regen wir Kinder dazu an, einseitige oder stereotype Spielmaterialien, Bücher, Lieder und Bilder zu verändern? (4.2.)
- Hören wir zu, wenn Kinder von Unfairness und Ungerechtigkeit berichten, die sie in der Kita oder außerhalb beobachtet oder erlebt haben? (3.5.2.)
- Machen wir ermutigende Beispiele des Widerstands gegen Diskriminierung und Ungerechtigkeit für alle sichtbar? (4.1.)
- Regen wir Kinder an, ihre Kritik an Ungerechtigkeiten, ihre Forderungen und Veränderungsvorschläge zu veröffentlichen, indem wir sie ermutigen, sich damit an die Adresse von Firmen, Politikern oder an andere Menschen außerhalb der Kita zu wenden? (4.6.5.)

9. Vorsicht Falle! – Worauf bei der Gestaltung einer inklusiven Lernumgebung zu achten ist

Bei der Gestaltung einer inklusiven Lernumgebung entlang der vier Ziele der Vorurteilsbewussten Bildung und Erziehung ist es nicht immer leicht, alle Aspekte im Blick zu behalten. Zudem gibt es einige Fallen, die nicht gleich zu erkennen sind. Deshalb ist die gezielte Reflexion eigener Gedanken und Vorgehensweisen ebenso nötig wie der Austausch darüber im Team. Häufig beobachtete Vorgehensweisen im Umgang mit Vielfalt sind das Leugnen, das alibiartige Darstellen und das Überbetonen von Unterschieden:

Falle 1: Unterschiede leugnen

Diese Strategie der Differenzleugnung folgt meist dem positiv gemeinten Anliegen, Kinder zu schonen. Die Aussage »Wir machen keine Unterschiede – alle Kinder sind gleich« geht von der Annahme aus, dass Gleichheit und Gerechtigkeit durch Gleichbehandlung erreicht werden könnten. Ziel ist es, kein Kind zu benachteiligen oder zu bevorzugen. Dem liegen die Vorstellungen zugrunde, dass Kinder von Ungleichheit und Unterschieden verschont bleiben würden, indem man sie nicht thematisiert, und dass Kinder grundsätzlich vorurteilsfrei und ohne Einschränkungen offen für neue Erfahrungen und bisher Unbekanntes wären. Häufig spielt auch die Unsicherheit von Fachkräften im Hinblick auf das Thematisieren von Unterschieden eine Rolle: »Wenn ich die Kinder auf ihre Unterschiede aufmerksam mache, schaffe ich ja erst recht eine Grundlage für Ausgrenzungen.«
Versteht man Kindertageseinrichtungen als Orte, die einen von der gesellschaftlichen Realität unbeeinflussten Schonraum bilden, nimmt man Kinder – und ihre wachsende Wahrnehmung vorhandener Unterschiede zwischen Menschen – nicht ernst. Man ignoriert, dass sie bereits früh Botschaften darüber erhalten, wie bestimmte Merkmale von Menschen gesellschaftlich und strukturell bewertet werden. Selbstverständlich nehmen Kinder wahr, dass diese Bewertungen beeinflussen, wie über bestimmte Sachverhalte, Personen oder Personengruppen gesprochen wird, und spüren die Wirksamkeit solcher Botschaften.

Gleich ist nicht gerecht!

Das Leugnen von Unterschieden lässt Kinder an ihren Beobachtungen und Empfindungen zweifeln: Das, was ich wahrnehme, ist nicht richtig. Es vermittelt ihnen die Botschaft: Unterschiede sind heikel, man darf nicht darüber sprechen. Sie bekommen keine Unterstützung, sich wahrgenommene Unterschiede oder Ungerechtigkeiten zu erklären. Hilfreich wäre es, Unterschiede sachlich korrekt und respektvoll zu benennen, damit die Kinder Worte für das finden, was sie empfinden und beobachten.

Die Strategie der Gleichbehandlung geht mit der Vorstellung einher: Da alle Kinder gleich sind, brauchen sie auch alle das Gleiche, um sich wohl zu fühlen und gut entwickeln zu können. Andere Ansprüche oder Bedürfnisse als die Mehrheit zu haben ist nicht akzeptabel. Abweichungen sind nicht erwünscht. Aber: Gleich ist nicht gerecht! (siehe Cartoon)

Vielfalt wird auf ein bestimmtes Level von »Normalität« reduziert. Dies verhindert, dass Kinder die individuelle Unterstützung erhalten, die sie benötigen. In der Lernumgebung spiegelt sich das zum Beispiel folgendermaßen wider:
- Allen Kindern wird nur eine Variante des Sitzens, Schlafens oder Essens angeboten.
- In der Kita wird ausschließlich die deutsche Sprache genutzt und sichtbar gemacht.
- In Büchern finden sich nur Familien, die aus Mutter, Vater und Kind bestehen.
- Die Puppen entsprechen der Vielfalt in der Kindergruppe nicht.

Falle 2: Pseudovielfalt

Pseudovielfalt oder Tokenism – der Begriff kann mit Alibiaktion oder -funktion übersetzt werden – beschreibt eine Umgebung, in der nur ein Buch oder Bild eine ganze Gruppe von Menschen repräsentieren soll.[101] Zum Beispiel: Es gibt nur ein türkischsprachiges Buch, nur ein Buch, in dem die Hauptfigur ein Kind mit einer körperlichen Beeinträchtigung ist, nur eine Puppe mit dunkler Hautfarbe unter einer Vielzahl von Puppen mit heller Hautfarbe, nur ein Bild einer Familie mit gleichgeschlechtlichen Eltern...
Eine ganze Gruppe wird von einer einzigen Figur repräsentiert. Dies negiert die Vielfalt innerhalb der Gruppe, verleitet Kinder zu Generalisierungen, festigt stereotype Vorstellungen oder lässt – wie im folgenden Beispiel – neue Vorurteile entstehen:

---

101 Derman-Sparks/Olsen 2010, 49

Essen alle Eis?

In einer Kita gibt es nur ein einziges Buch, in dem ein Kind mit dunkler Hautfarbe vorkommt: Paula, die – wenn ihre Eltern es erlauben würden – am liebsten den ganzen Tag Eis essen würde. Als Mia, ein Mädchen mit dunkler Hautfarbe, das erst seit kurzem in der Kita ist, und ihr Vater an Mias Geburtstag einen Kuchen mitbringen, sagt Pele, ein Junge mit heller Hautfarbe, zu Mia: »Kein Eis? Ich dachte, alle Kinder mit brauner Haut essen am liebsten Eis?«

Falle 3: Unterschiede überbetonen

Zur Überbetonung von Unterschieden kommt es, wenn allein denjenigen Menschen, die als »anders« definiert werden, besondere Aufmerksamkeit zuteil wird. Die Absicht hinter dieser Strategie ist meist, durch »Kennenlernen« zu ihrer Akzeptanz beizutragen. Ein einzelnes Kind oder eine einzelne Familie mit ihrer »Besonderheit« soll »integriert« werden, indem die Gruppenmehrheit ihr Wissen über das Kind oder die Familie erweitert. Durch die Begegnung mit dem »Besonderen« soll »Toleranz« erzeugt werden. Problematisch ist hierbei die Aufteilung der Gruppe in ein »Wir« und »die Anderen«. Automatisch wird die

Mehrheitsgruppe zum Maßstab erklärt: Ihre Angehörigen sind »normal« und alle »gleich«. Die »Anderen« sind »anders«. Jedes Mitglied der beiden Gruppen wird gruppenintern als »gleich« dargestellt, zwischen beiden Gruppen wird eine tiefe Kluft geschaffen. Vorhandene Gemeinsamkeiten der beiden Gruppen werden ebenso ignoriert wie die Unterschiede zwischen den Individuen der jeweiligen Gruppen. Diesen Vorgang bezeichnet man mit den Begriffen »besondern« oder »verandern«, die sich von dem englischen Wort »othering« ableiten.

Ein solches Vorgehen legt Kinder und Familien auf bestimmte Teilaspekte ihrer Identität fest. Alle anderen Identitätsmerkmale werden ausgeblendet. Das erschwert Annäherung, Verständigung und den Abbau von Barrieren deutlich oder verhindert sie.

Die Tourismusfalle

In der pädagogischen Praxis kommt die Strategie des Überbetonens von Unterschieden häufig bei »afrikanischen« oder »asiatischen« Wochen und bei »Kochprojekten« zum Tragen, die »fremde Kulturen« von Kindern und Familien näherbringen sollen. Was gut gemeint ist, wird zur Besonderung: Die Tourismusfalle[102] schnappt zu.

Innerhalb solcher Wochen werden vermeintlich ethnischen Gruppen Besuche abgestattet, als bereise man ferne Länder. Diese Ausflüge widmen sich dem Außergewöhnlichen statt dem Alltäglichen und legen nahe, Kulturen als abgeschlossene, homogene Einheiten zu verstehen. Zudem beziehen sich »touristische« Programme häufig auf die Vergangenheit, stellen bestimmte Verhaltensweisen als »typisch« dar und homogenisieren ganz unterschiedliche Menschen. Bezugspunkt ist manchmal ein Land, manchmal ein ganzer Kontinent.

Viele Kinder, deren Familien auf diese Weise zugeordnet werden, sind in Deutschland geboren und haben keinerlei Bezug zu den Ländern, in denen ihre Großeltern oder Eltern aufgewachsen waren. Ihre Identität wird schmerzhaft in Frage gestellt: Hier gehöre ich nicht hin und dorthin auch nicht. Wohin gehöre ich?

Nach »touristischen« Ausflügen kehrt man meist zum pädagogischen Normalprogramm zurück, das unverändert bleibt. Was lernen Kinder auf diese Weise über Vielfalt? Sie erhalten Sachinformationen, die nicht der Realität entsprechen. Sie lernen »andere« Menschen als exotisch-merkwürdige Leute kennen. Gehören sie selbst zu den Betrachteten, die ein fernes Land oder gar einen Kontinent repräsentieren sollen, kann das ihre Zugehörigkeit infrage stellen und große Zweifel in ihnen auslösen. Die Botschaft »Du bist nicht wie wir, du gehörst nicht hierher und nicht zu uns« verunsichert massiv, denn genau hier ist der Ort, an dem sie geboren wurden und aufgewachsen sind. Sie erfahren, dass zählt, was in der Dominanzkultur Bedeutung hat. Das erzeugt Vorurteile, Abgrenzung und damit das Gegenteil von dem, was intendiert war.

Ein weiteres Beispiel sind »landestypische« Speisen, die Kitafeste oder Eltern-Begegnungen häufig krönen. Unterstellt wird, es gäbe etwas Typisches in der Küche der Herkunftsländer,

---

102 Derman-Sparks u.a. 1989

das für die Familien Bedeutung hat. Möglicherweise kommen solche Speisen im Alltag der Familien aber gar nicht vor. Auch in Deutschland werden nicht überall und schon gar nicht jeden Tag Spätzle gegessen.

Die Lieblingsrezepte der Familien

In vielen Familien gibt es ein Lieblingsgericht oder ein Gericht, das besonders gern zubereitet und gegessen wird. Ein Kochbuch mit Rezepten solcher Lieblingsgerichte könnte ein Stück Familienkultur in der Kita sichtbar machen, dachten sich Erzieher_innen und baten Kinder und Familien, das Rezept eines solchen Gerichts für ein Kochbuch aufzuschreiben. So entstand ein Buch mit Fotos, Zeichnungen und Rezepten in verschiedenen Sprachen und Schriften. Es ist bei den Kindern beliebt und entkräftet etliche Vorurteile, denn: Es gibt vier Spaghetti-Rezepte – jedes ein bisschen anders und alle von Familien, deren Wurzeln nicht in Italien liegen. Eine Familie koreanischer Herkunft hat das Rezept für einen pfälzischen Braten beigesteuert, eine Familie rheinländisch-pfälzischer Herkunft isst gern Hühnchen in Kokosmilch. Das Kochbuch lieferte die Anregung für Kochnachmittage in der Kita: Eltern kochen mit den Kindern reihum verschiedene Gerichte, und anschließend wird gemeinsam gegessen.

Familienwurzeln

Als sich das Team der Kita Stöckach in Stuttgart mit dem Thema »Ich-Identität und Bezugsgruppen-Identität stärken« beschäftigte, stellten die Erzieher_innen mit allen Kindern und Eltern Familienbücher her. Mehrere Eltern hielten darin fest, dass sie nicht aus Deutschland stammen, ihre Kinder jedoch schon aufgrund ihrer Geburt hierzulande Deutsche sind. Daran hatten die Erzieher_innen nicht gedacht, sondern die Weltkarte an der Wand mit der Überschrift »Die Wurzeln unserer Kinder« versehen. Ihnen wurde bewusst, dass das nicht korrekt war. Sie hatten vielen Kindern eine Herkunft aus anderen Ländern zugeschrieben. Also änderten sie die Überschrift. Nun lautet sie: »Die Familienwurzeln unserer Kinder«.

Mit der Strategie der Differenzfixierung gehen zumeist vereinfachte und stereotype Darstellungen von Menschen oder Menschengruppen einher: Da zeigt ein Erzieher Bilder von Familien in Vietnam, um über das Leben deutsch-vietnamesischer Familien in Berlin zu sprechen. Oder: Eine Erzieherin beschreibt das Leben jüdisch-deutscher Familien anhand von Büchern, in denen jüdische Familien in traditionellen Gewändern abgebildet werden, und die Fotos stammen aus längst vergangenen Jahrzehnten. Oder: In Büchern werden

»afrikanische Traditionen« beschrieben, ohne die Vielzahl afrikanischer Länder zu berücksichtigen. Kinder brauchen aber Informationen, die inhaltlich korrekt sind und die Menschen, um die es geht, als Individuen mit eigenen Lebenswelten erfassen und darstellen. Stereotype Materialien für Krippen und Kindergärten sind im Handel noch immer erhältlich. Es ist nicht leicht, sie auf Anhieb zu erkennen. Doch der Austausch mit Menschen, die einen geschärften Blick für Einseitigkeiten haben, hilft, selbstkritischer zu werden.

Gabriele Koné:
Vielfalt ins Gespräch bringen – aber wie?

Gabriele Koné, die die Berliner Modelleinrichtung Brittendorfer Weg während des Projekts »Inklusion in der Praxis von Krippen und Kitas« begleitete, gibt Einblick in den Reflexionsprozess des Teams über ein Gestaltungselement, durch das Kinder besondert wurden:

In einem Gruppenraum sind neben den Familienwänden Bilder aus Illustrierten zu sehen, die verschiedene Kinder zeigen. Erklärende Erläuterungen, beispielsweise zum biografischen Hintergrund der Kinder, gibt es nicht. Mit den Bildern wollte die Erzieherin den Mädchen und Jungen ihrer Gruppe ein weiteres Spektrum von Vielfalt in Bezug auf das Aussehen und die Lebensweisen von Kindern zugänglich machen.

Im Austausch über diese Art der Gestaltung berichtet eine Erzieherin, dass die Kinder lieber Fotos der Mädchen und Jungen ihrer Kita-Gruppe und von deren Familienmitgliedern anschauen, also von Menschen, die sie kennen. Eine andere Erzieherin erklärt: »Früher fand ich diese Fotos aus Illustrierten auch toll. Heute sehe ich das anders. Die Menschen sind darauf so abgebildet, dass sie fremd, fast exotisch wirken, weil der Fokus auf dem Anders-Sein, dem anderen Aussehen oder der anderen Kleidung liegt. Dabei haben Menschen viele Gemeinsamkeiten: Wir alle tragen Kleidung zum Schutz vor der Witterung, egal, wie sie aussieht. Wir alle haben eine Hautfarbe, aber der Farbton ist unterschiedlich. Mich beschäftigen eher Fragen wie: Was ist das Gemeinsame zwischen der abgebildeten Person und mir? Was verbindet uns? Danach kann es auch um Unterschiede gehen.«

Das Ergänzen der Familienwände um Bilder von Kindern, die nicht im Zusammenhang mit der Gruppe stehen, verwässert die Zielrichtung der Familienwände. Da biografische Angaben zum Hintergrund der abgebildeten Kinder fehlen, werden sie zu Projektionsflächen für vorgefasste Bilder und verfestigen Stereotype, zum Beispiel: das »afrikanische Kind«, das »indische Kind«...

Schließlich entscheiden die Erzieher_innen sich, die Bilder abzunehmen und sich künftig an der Vorgehensweise der Kolleginnen aus einer anderen Gruppe zu orientieren. Diese Erzieherinnen hatten in ihrem Gruppenraum Bilder von Kindern angebracht, die auf verschiedene Weise lesen und schreiben. Sie folgten dem Prinzip, Unterschiede auf der Basis von Gemeinsamkeiten zu thematisieren, und zeigten mit den Fotos: Alle Kinder lesen und schreiben, tun dies aber auf unterschiedliche Art, mit verschiedenen Materialien und an unterschiedlichen Orten.

Anke Krause und Sandra Richter:
Das war doch gut gemeint!

Das Team einer Berliner Kita beschloss, eine neue Weltkarte anzuschaffen, um die Lernumgebung um ein weiteres Element zu erweitern, das Kindern Erfahrungen mit Vielfalt ermöglichen soll. Ein gemeinsamer Reflexions- und Auseinandersetzungsprozess ergab, dass man in eine Falle getappt war:

Die neue Weltkarte aus Stoff zierte den Gruppenraum: Sie war groß, 2 mal 3 Meter, zeigte die Kontinente und Meere, aber keine Darstellungen von Menschen oder Tieren und keine Beschriftungen. Eine Kollegin erzählte, wie froh sie gewesen sei, die Karte gefunden zu haben, denn sie wollte mit den Kindern über die verschiedenen Länder sprechen. Zuvor versah sie verschiedene Tierfiguren aus Stoff mit Klettband. Den Kindern machte es Spaß, diese Figuren, aber auch andere, so an die Weltkarte zu werfen, dass sie haften blieben, berichtete ein Kollege und verwies auf das Sortiment, zu dem auch verschiedene, auf stereotype Weise dargestellte Menschenfiguren gehörten.

Gefragt, was die pädagogischen Fachkräfte gut an diesen Figuren fanden, sagte jemand: »Menschen sehen nun mal unterschiedlich aus. Dass sie keinem bestimmten Land oder Kontinent zugeordnet wurden, zeigt: Man kann überall leben.«

»Zwar sehen manche Figuren nicht aus wie Menschen von heute«, fand Kollegin Anna, »aber in der Zeit der Pharaonen trug man solche Kleidung. Das gehört doch auch zum historischen Wissen.«

Kollege Frank erklärte, die Figuren würden schon dazu anregen, sich darüber auszutauschen, wie Menschen aussehen können. Außerdem sei es nicht möglich, die tatsächliche Vielfalt menschlichen Aussehens darzustellen: »Dann müssten wir hunderte Figuren haben.« Im Übrigen meinte er: »Das ist nur eine Form. Wir sehen uns ja auch Bilderbücher mit den Kindern an.«

Die genauere Betrachtung der Menschenfiguren zeigte: Einige tragen eher Alltagskleidung, andere tragen historische oder traditionelle »Kostüme«, die Kinder zum Beispiel vom Fasching kennen. Warum ist das so? Und was wird damit ausgesagt? Die »I«-figur[103] wird als »Wilder« mit Kriegsbemalung dargestellt. Dies hat nichts mit dem tatsächlichen Leben indigener Menschen zu tun, sondern verstärkt kolonial-rassistische Bilder und Fantasien. Was lernen Kinder aus dieser Art der Darstellung? Sie nehmen einseitige, stereotype und diskriminierende Vorstellungen von Menschen auf und halten sie für »normal«. Kollegin Songül bezog diese Art der Darstellung von Menschen auf die Türkei, das Land, aus dem ihre Großeltern nach Deutschland eingewandert sind. Geht es um dieses Land, werden häufig Bauchtänzerinnen und dicke Männer im Schneidersitz auf fliegenden Teppichen gezeigt. Diese Darstellungen machten Songül wütend, weil sie der Wirklichkeit nicht entsprechen, sich als Ausdruck westlicher Orient-Fantasien aber hartnäckig halten und ungehindert in die Vorstellungswelt der Kinder dringen, Vorurteile reproduzieren und verfestigen können. Was tun? Das Team war unschlüssig, was mit der Weltkarte geschehen soll. Aber die Auseinandersetzung hatte deutlich gemacht, dass sich die Unterschiedlichkeit von Menschen in ihrem Alltag zeigt und nicht in herabwürdigenden Stilisierungen.

Es ist nicht leicht, die eigene Weltsicht zu hinterfragen und den Blickwinkel zu verändern. Mitgliedern der Dominanzgesellschaft fällt das besonders schwer, weil sie ihre Bilder von anderen Menschen für »normal« halten und von der Diskriminierung, die diesen Bildern innewohnt, äußerst selten betroffen sind. Geben sie dieses »Wissen« unhinterfragt weiter, tragen sie zum Erhalt von Ungerechtigkeiten bei.

---

103 Vgl. Fußnote 97

Korrekte Verhältnisse

Der Historiker Arno Peters entwarf 1974 eine Weltkarte, die näher am Äquator liegende Länder und in nördlichen Breiten liegende Ländern im korrekten Größenverhältnis darstellt, was bei den von Peters zum Vergleich herangezogenen Zylinderprojektionen, der Mercator-Projektion oder der quadratischen Plattkarte, nicht der Fall ist. Europa wirkt dort doppelt so groß wie Südamerika, Skandinavien scheint so groß zu sein wie Indien, und Grönland wirkt größer als China.

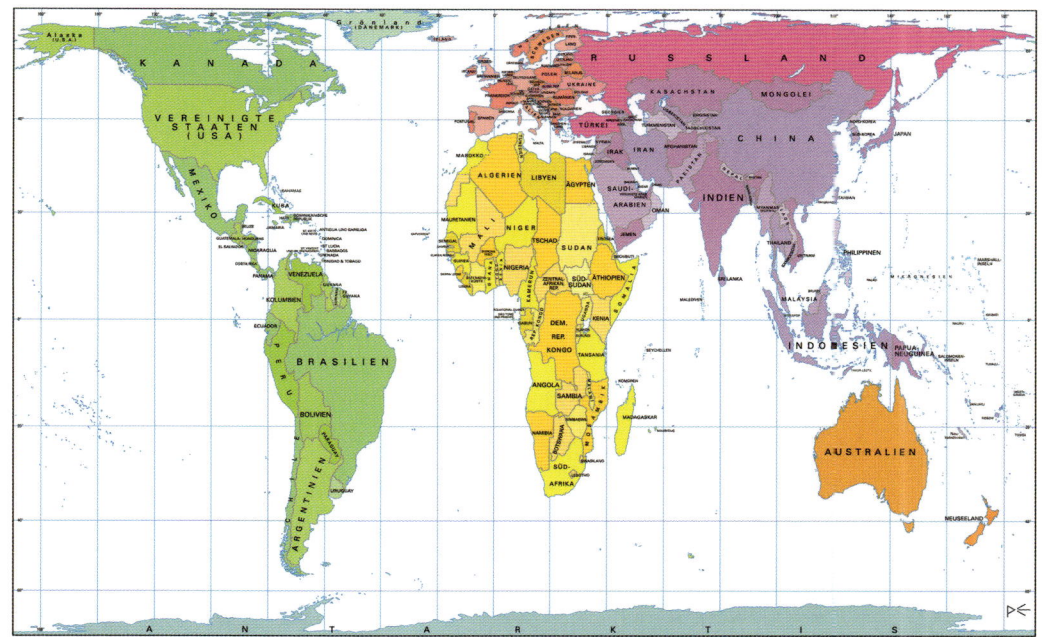

Weltkarte in Peters-Projektion: Huber Kartographie GmbH, München

Wenn es darum geht, mit Kindern die Welt in den Blick zu nehmen, empfehlen sich Weltkarten, die nicht eurozentristisch[104] sind, also Karten, die die Kontinente im korrekten Größenverhältnis zeigen und auf die Darstellung von Menschen verzichten.

(Quelle: Weltkarte in Peters-Projektion: Huber Kartographie GmbH, München)

---

104 Unter Eurozentrismus versteht man die Bewertung von Gesellschaften nach europäischen Vorstellungen. Dies zeigt sich zum Beispiel in der Definition »Länder der dritten Welt« oder in geografischen Bezeichnungen wie »Naher«, »Mittlerer« und »Ferner Osten«, die lediglich die mitteleuropäische Sicht widerspiegeln.

Olenka Bordo Benavides:
Die Sache mit dem Kolonialismus

Bei Medien und Materialien wie Kinderbüchern, Tonträgern, Weltkarten oder Atlanten gilt es zu prüfen, welche Informationen sie weitergeben, welche Weltsicht sie vermitteln und welche Identifikationsmöglichkeiten sie Kindern bieten.

Kolonialismus – was ist das?

Der Begriff »Kolonialismus« steht für die gewaltsame Aneignung von Territorien, deren Sicherung und die Versklavung von Menschen während der europäischen Expansion ab 1492. »Entdeckungsfahrten« führten dazu, dass viele Teile der Welt kolonialisiert wurden. Rassistische Machtstrukturen wurden geschaffen, um die Dominanz der Kolonialmächte zu sichern. Dem diente die rassistische Einteilung von Menschen in Kolonialherren als »die Rationalen, die Vernünftigen« und Kolonisierte als »die Wilden, die Körperbezogenen«[105]. Um diese Strukturen zu legitimieren, wurden solche Unterschiede zwischen Eroberern und »Eroberten« konstruiert.

Der Vorgang der Eroberungen wird als »Entdeckung« Amerikas, Afrikas und anderer Kontinente beschrieben und als etwas Positives, Fortschrittliches oder als historisches Ereignis dargestellt, das heutzutage irrelevant sei.

Kolonialismus ist kein neutraler Begriff und Vorgang, denn er beeinflusst bis heute das Leben von Millionen Menschen. Auch heute geht es um die Aufrechterhaltung von Dominanzverhältnissen mittels bestimmter Stereotypisierungen und um ökonomische Machterhaltung durch Aneignung von Territorien. Die »Überlegenheit« der weißen[106] Europäerinnen und Europäer wird als selbstverständlich angenommen und reproduziert. Dies schreibt die positive Betrachtung der »Entdeckungen« fort. Gewalt und die Grausamkeit der kolonialen Ausbeutung werden selten thematisiert. Ebenso selten wird der Widerstand der »Eroberten« dargestellt und damit unsichtbar gemacht.

Inklusive Pädagogik, die Dominanzstrukturen hinterfragt und der Weitergabe von Diskriminierungen entgegenwirkt[107], muss sich auch als dekoloniale Pädagogik verstehen, solche

---

105 Vgl. Fanon 1981
106 Durch die Großschreibung des Begriffes »Schwarz« wird in rassismuskritischen Diskursen
verdeutlicht, dass es sich um ein Konstrukt handelt, das eine politische Kategorie mit der gesellschaftspolitischen
Zugehörigkeit verknüpft. Im Gegensatz zu »weiß« ist »Schwarz« eine politische Selbstbezeichnung, die aus einer
Widerstandssituation entstand und als eine Alternativbezeichnung zu rassistischen Begriffen eingeführt wurde
107 Eggers 2013, 9f.

Themen kritisch reflektieren und dies in die Praxis einbeziehen. Ihre Perspektive sind alternative Wissenszugänge, die sich vom kolonialen Modell der Macht in den verschiedenen Lebensbereichen lösen[108] und die Weitergabe von »Wissen« kritisch beleuchten: Wie und wo entstand Wissen? Wer produziert Wissen aus welcher gesellschaftlichen Position heraus?

Antworten auf diese Fragen decken die Wirksamkeit ungleicher Machtverhältnisse auf, stoßen kritisches Denken an und tragen zu Praxisveränderungen bei. Antwortsuchende agieren auf der Basis ihrer Lebenserfahrungen, ihrer Gefühle und Einschätzungen, also auf der Basis von gelebtem Wissen. Das gilt auch für Kinder, deren Lebenssituationen, Erfahrungen, Ideen und Sichtweisen Anlass sein sollten, die pädagogische Praxis zu reflektieren und zu verändern.

In diesem Prozess sollten pädagogische Fachkräfte sich mit der eigenen Herkunft und Bezugsgruppenzugehörigkeit beschäftigen, bisher Geglaubtes reflektieren, Verunsicherung zulassen und offen für neue Sichten und Erkenntnisse bleiben – auch wenn Gewohnheiten und Routinen in Frage gestellt werden und Zweifel und Widerstände zu überwinden sind.

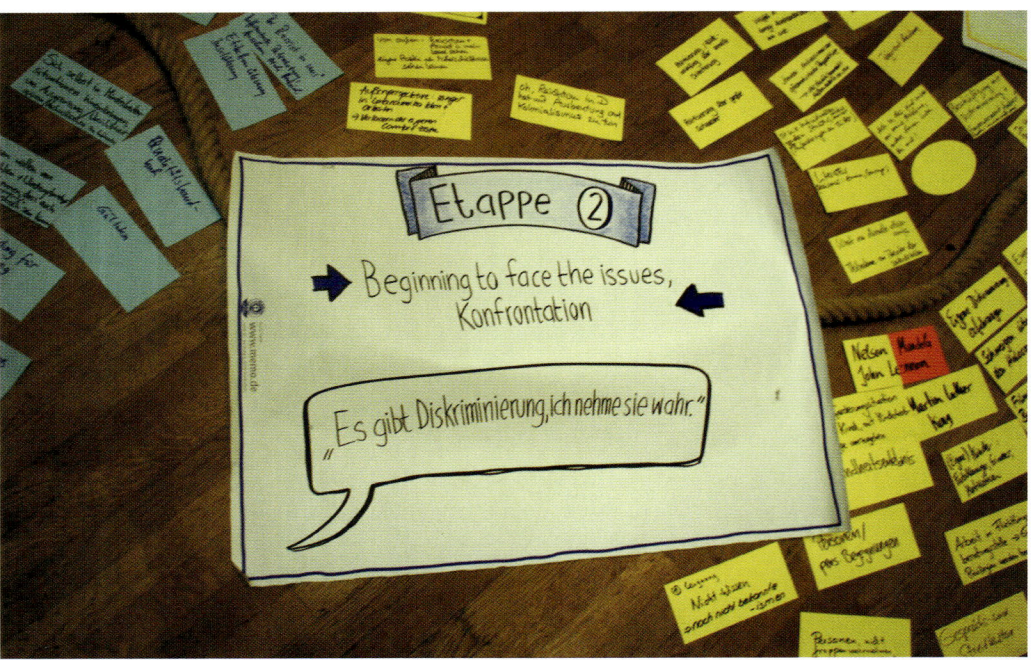

---

108 Grosfoguel/Almanza Hernández 2012

Sonja Wolfrum: Mache ich alles falsch?

Im Rahmen der fachlichen Beschäftigung mit verschiedenen Aspekten vorurteilsbewusster Bildung und Erziehung war die persönliche Auseinandersetzung mit eigenen Vorstellungen, Gedanken und Gefühlen unausweichlich für mich. Nicht nur einmal verließ ich die Teamsitzungen aufgewühlt und voller Selbstzweifel. Zum Beispiel, als wir erkannten, dass wir stereotype Abbildungen nutzen. Scham und Schuld wechselten mit Frustration, Abwehr oder Resignation: »Egal, was wir machen, es ist nicht korrekt.«

Je mehr ich mich mit der Thematik befasste, desto weniger traute ich mich, über bestimmte Sachverhalte zu sprechen, hatte Angst, wieder etwas Falsches zu sagen und jemanden zu verletzen. Ich würde lügen, wenn ich behaupte, dass solche Gefühle und Gedanken schnell verschwinden, nur ein »Übergangsphänomen« sind. Immer wieder merkte ich, dass ich in neue Fallen tappe. Für mich hat es sich als wichtig erwiesen, die unerfreulichen Gefühle von Scham, Frustration und Resignation anzunehmen, mir Zeit zu geben und mich dann erneut mit dem Thema zu beschäftigen. Ebenso habe ich mich mit vorhandenen Kategorien wie »richtig« und »falsch«, »gut« und »böse« auseinandergesetzt und sie hinterfragt. Wer legt diese fest und welche Kraft üben sie unbewusst auf uns aus? Warum haben wir den Anspruch, alles richtig machen zu wollen? Wie erschreckend häufig verwende ich Kategorien wie diese in meinem Sprachgebrauch? Wie kann ich mich davon distanzieren? Eine schnelle oder einfache Antwort ist hierauf wohl nicht zu erwarten, aber allein die Auseinandersetzung ist mehr als empfehlenswert und bringt viele neue Erkenntnisse – für mich persönlich und für die Arbeit als Erzieherin.

Reflexionsfragen

- Sind wir uns bewusst, dass wir unsere eigenen Familienkulturen, unsere Werte und Normen in die Kita mitbringen und dass sie unsere berufliche Praxis beeinflussen? (1.12.2.)
- Versuchen wir, uns in andere Menschen hineinzuversetzen und Situationen aus unterschiedlichen Perspektiven zu betrachten? (2.10.7.)
- Machen wir es uns zur Aufgabe, kontinuierlich und kritisch zu überprüfen, wie wir in der Kita mit Diskriminierung, Einseitigkeiten und Vorurteilen umgehen – in der pädagogischen Arbeit mit den Kindern, in der Zusammenarbeit mit Eltern und im Team? (3.13)
- Berichten wir im Team von gelungenen Aktivitäten gegen Diskriminierung und Ungerechtigkeit? Feiern wir unsere Erfolge? (4.12.1.)

Checkliste: Woran man eine vorurteilsbewusste Lernumgebung erkennt [108]

▶ Alle Kinder der Einrichtung sind mit Fotos repräsentiert.

▶ Man sieht und erkennt, was einzelne Kinder interessiert und womit sie sich beschäftigen.

▶ Man sieht, was Kinder gebaut, konstruiert und hergestellt haben.

▶ Fotos von den Hauptbezugspersonen der Kinder werden gezeigt.

▶ Es finden sich Hinweise auf die Familiensprachen aller Kinder.

▶ Es gibt verschieden aussehende Puppen aller Hautfarben und Geschlechter, nicht nur eine Puppe mit der gleichen Hautfarbe oder des gleichen Geschlechts, sondern mehrere. Keine Puppenart dominiert.

▶ Bücher, Bilder, Spielmaterialien und CDs lassen Mädchen und Jungen, Männer und Frauen, Menschen verschiedener Herkunft und Hautfarben sowie Kinder und Erwachsene mit Beeinträchtigungen sicht- und hörbar werden, die Tätigkeiten jenseits von Rollenklischees und anderen Zuschreibungen ausüben.

▶ In den Spielbereichen der Kinder finden sich Gegenstände und Bekleidungsstücke, die aus unterschiedlichen Berufswelten und Familienkulturen stammen.

▶ Beim Rundgang finden sich Hinweise, in welcher Umgebung die Einrichtung sich befindet und welche Bezugsgruppen im Umfeld leben, denn solche Gestaltungselemente spiegeln Lebenserfahrungen der Kinder wider.

▶ Die Flure sind Informations- und Begegnungsorte. Sie sind einladend gestaltet.

▶ An mehrsprachigen Aushängen ist zu erkennen, dass das Team interessiert ist, alle Eltern anzusprechen – auch diejenigen, die der deutschen Schriftsprache nicht mächtig sind.

---

109 s. Checkliste von Boldaz-Hahn/Henkys 2003

Literatur

Ayim, May: Rassismus hier und heute. Alltäglicher Rassismus in Kinder- und Jugendbüchern. In: Oguntoye, Katharina/Opitz, May/Schultz, Dagmar (Hrsg.): Farbe bekennen. Afro-deutsche Frauen auf den Spuren ihrer Geschichte. Fischer Verlag, Frankfurt a. M. 1992, 126–144

Bettelheim, Bruno: Kinder brauchen Bücher. Lesen lernen durch Faszination. dtv, München 1985

Bisson, Julie: Starting with Who is. In: Bisson, Julie: Celebrate! An anti-bias guide to enjoying holidays in early childhood programs. Redleaf Press, St. Paul MN 1997

Bodenburg, Inga: Der Entwicklung Raum geben. Ausstattungsideen für Kitas. Cornelsen, Berlin 2012

Bourdieu, Pierre: Die feinen Unterschiede. Kritik der gesellschaftlichen Urteilskraft. Suhrkamp, Frankfurt a. M. 1987

Derman-Sparks, Louise/Olsen Edwards Julie: Anti-Bias Education for Young Children and Ourselves. NAEYC, New York 2010

Derman-Sparks, Louise: Soziale Bezugsgruppen in der kindlichen Identitätsentwicklung und ihre Bedeutung für eine Pädagogik der Inklusion. Vortrag am 13.10.2014, 4. Baustelle Inklusion, ISTA/ Fachstelle Kinderwelten. (Übersetzung aus dem Englischen: ISTA/ Fachstelle Kinderwelten), erhältlich unter: www.kinderwelten.net

Derman-Sparks, Louise: »Education without prejudice« – Goals and Principles of Practice. Vortrag in Irland, Oktober 1998 (unveröffentlichtes Manuskript)

Derman-Sparks, Louise/A.B.C. Task Force: Anti-Bias-Curriculum: Tools for empowering young children. NAEYC, Washington D.C. 1989

Derman-Sparks, Louise: Education Without Prejudice – Goals and Principles of Practice. In: Murray, Colette (Hrsg.): Education without Prejudice, a challenge for early educators in Ireland. Pavee Point Travellers' Centre, Dublin 2001, p. 22–31

Eggers, Maureen Maisha: Diskriminierung an Berliner Schulen benennen – Von Rassismus zu Inklusion. Leben nach Migration. Newsletter des Migrationsrates Berlin-Brandenburg Nr. 8/2013, 9–13

Fachstelle Kinderwelten: How good it is to be you! An Anti-Bias Journey. Transkription und deutschsprachige Übersetzung des gleichnamigen Videofilms. DECET/V.B.J.K. Produktion 1998, unveröffentlichtes Manuskript

Fanon, Frantz: Die Verdammten dieser Erde. Suhrkamp, Frankfurt a. M. 1981

Grosfoguel, Ramón/Almanza Hernández, Roberto (Hrsg.): Lugares Descoloniales. Espacios de intervención en las Américas. Pontificia Universidad Javeriana, Bogotá 2011

Haug-Schnabel, Gabriele/Wehrmann, Ilse (Hrsg): Raum braucht das Kind. Anregende Lebenswelten für Krippe und Kindergarten. verlag das netz, Berlin/Weimar 2012

Höhn, Kariane/Kercher, Angelika (Hrsg): Raumerkundungsbuch. Carl Link, Kronach 2009

Institut für den Situationsansatz/Fachstelle Kinderwelten (Hrsg.): Qualitätshandbuch für die Vorurteilsbewusste Bildung und Erziehung in Kitas. Berlin 2016. Zu beziehen über www.situationsansatz.de

Keller, Heidi (Hrsg.): Handbuch der Kleinkindforschung. Unter Mitarbeit von Annette Rümmele. Hans Huber, Bern 2011

KiDs aktuell: Kinderlieder für alle. 2/2016. Hrsg. vom Institut für den Situationsansatz/ Fachstelle Kinderwelten. www.situationsansatz.de/files/texte ista/fachstelle kinderwelten/ kiwe pdf/KiDs/kids_kinderlieder.pdf (Zugriff am 6.4.2017)

List, Gudula: Spracherwerb und die Ausbildung kognitiver und sozialer Kompetenzen. WiFF Expertise Nr. 11, 2011

Preissing, Christa/Heller, Elke (Hrsg.): Qualität im Situationsansatz. Qualitätskriterien und Materialien für die Qualitätsentwicklung in Kindertageseinrichtungen, Cornelsen: Scriptor, Berlin/Düsseldorf. 2009

Rohrmann, Tim: Gender in Kindertageseinrichtungen. Ein Überblick über den Forschungsstand. DJI, München 2009

Rommelspacher, Birgit: Dominanzkultur. Orlanda, Berlin 1995

Rommelspacher, Birgit: Behindertenfeindlichkeit. Ausgrenzungen und Vereinnahmungen. Lamuv, Göttingen 1999

Rothweiler, Monika/Ruberg, Thomas: Der Erwerb des Deutschen bei Kindern mit nichtdeutscher Erstsprache. WiFF Expertise Nr. 12, 2011

Schönrade, Silke: Kinderräume, KinderTräume... oder Wie Raumgestaltung im Kindergarten sinnvoll ist. Borgmann, Dortmund 2012

Sıkcan-Azun, Serap: Persona Dolls – mit Kindern über Vielfalt sprechen. In: Welt des Kindes Spezial. Heft 3/2011, 2–7

Sozialpädagogisches Fortbildungsinstitut Berlin-Brandenburg (SFBB) und Bildungsinitiative QUERFORMAT (Hrsg.): Geschlechtliche und sexuelle Vielfalt in der pädagogischen Arbeit mit Kindern und Jugendlichen. Berlin 2012

Sulzer, Annika/Wagner, Petra (2011): Inklusion in der Frühpädagogik: Qualifikationsanforderungen an die Fachkräfte. Weiterbildungsinitiative Frühpädagogische Fachkräfte.

WIFF-Expertise Nr. 15. DJI, München 2011

verlag das netz/Kinderwelten (Hrsg.): Das Familienspiel. verlag das netz, Berlin/Weimar 2010

von der Beek, Angelika: Bildungsräume für Kinder von Null bis Drei. verlag das netz, Berlin/Weimar 2006

Wagner, Petra/Hahn, Stefani/Enßlin, Ute (Hrsg.): Macker, Zicke, Trampeltier… Vorurteilsbewusste Bildung und Erziehung in Kindertageseinrichtungen. Handbuch für die Fortbildung. verlag das netz. Berlin/Weimar 2006, (vergriffen)

Wagner, Petra: Gemeinsam Vielfalt und Fairness erleben. Cornelsen, Berlin 2013

Wilk, Matthias/Jasmund, Christina: Kita-Räume pädagogisch gestalten. Den Raum als Erzieher nutzen. Beltz, Weinheim 2015

Internetquellen

Boldaz-Hahn, Stefani, geb. Hahn (2009): "Wie kommt der Tiger in die Küche?" Einseitigkeiten in der Kindertageseinrichtung auf der Spur. Berlin. https://situationsansatz.de/files/texte%20ista/fachstelle%20kinderwelten/kiwe%20pdf/Hahn_Wie_kommt_der_Tiger_in_die_Kueche.pdf (Zugriff am 06.04.2017)

Boldaz-Hahn, Stefani, geb. Hahn/ Henkys, Barbara (2003): "Eine Anti-Bias-Umgebung schaffen: Stereotypen und Schablonen vermeiden" https://situationsansatz.de/files/texte%20ista/fachstelle%20kinderwelten/kiwe%20pdf/Henkys_Hahn_Eine_Anti-Bias-Umgebung_schaffen.pdf (Zugriff am 06.04.2017)

Bordo, Olenka: Vermittlung von Vorurteilen und Stereotypen im Kindesalter – »Pippi Langstrumpf« als Buch und als Film. Gelesen und gesehen aus einer »anderen« Perspektive. Verfügbar unter: http://heimatkunde.boell.de/2014/02/24/vermittlung-von-vorurteilen-und-stereotypen-im-kindesalter-pippi-langstrumpf-als-buch-und (Zugriff am 30. 9. 2014.)

Derman-Sparks, Louise: Soziale Bezugsgruppen in der kindlichen Identitätsentwicklung und ihre Bedeutung für eine Pädagogik der Inklusion. Vortrag am 13.10.2014, 4. Baustelle Inklusion, ISTA/Fachstelle Kinderwelten. (Übersetzung aus dem Englischen: ISTA/Fachstelle Kinderwelten) Erhältlich unter: www.kinderwelten.net

Eggers, Maureen Maisha: Pippi Langstrumpf - Emanzipation nur für weiße Kinder? Rassismus und an (weiße) Kinder adressierte Hierarchiebotschaften. In: Kinderwelten. Bildung konsequent inklusiv – Vorurteilsbewusste Bildung und Erziehung (Veranstalter_ in): Fachtagung: Gleichheit und Differenz im Leben von Kindern und in pädagogischen Einrichtungen. Dokumentation der Fachtagung vom 16. Juni 2008, Berlin. Verfügbar unter: http://www.kinderwelten.net/pdf/tagung/Pippi_Langstrumpf-Emanzipation_nur_fuer_weisse_Kinder.pdf (Zugriff am 30.9.2015.)

Eggers, Maureen Maisha: Gleichheit und Differenz in der frühkindlichen Bildung – Was kann Diversität leisten? Verfügbar unter: http://heimatkunde.boell.de/2012/08/01/gleichheit-und-differenz-der-fruehkindlichen-bildung-was-kann-diversitaet-leisten (Zugriff am 30.9.2015.)

Eggers, Maureen Maisha: Wie wichtig sind positive Identifikationsmomente auf literarischer und visueller Ebene für die Persönlichkeitsentwicklung und das Selbstwertgefühl im Kindesalter. Verfügbar unter: http://heimatkunde.boell.de/2014/02/24/interview-mit-maisha-eggers (Zugriff am 30.9.2015)

IDW Pressemitteilung: Ungleiche Bildungschancen schon durch Vornamen? Studie zu Vorurteilen und Vorannahmen von Lehre. Prof. Dr. Astrid Kaiser, Carl von Ossietzky-Universität Oldenburg, 16.9.2009. Fundstelle: http://idw-online.de/de/news333970. (Zugriff am 4.3.2015)

Largo, Remo: Interview. Verfügbar unter: http://sprach-kitas.fruehe-chancen.de/aus-der-praxis/interviews/interview-prof-remo-largo (Zugriff am 22.4.2015)

Persona Doll Training (Ed.): Citizenship For All: respect, rights, responsibility. DVD. London, o. J. Weitere Informationen unter: http://www.persona-doll-training.org

Richter, Sandra (2014): Eine vorurteilsbewusste Lernumgebung gestalten. Online verfügbar unter: http://www.kita-fachtexte.de/uploads/media/KiTaFT_richterII_2014-End.pdf.

Schmude, Corinna/Pioch, Deborah: Schlüssel zu guter Bildung, Erziehung und Betreuung – Kita inklusiv! Inklusive Kindertagesbetreuung – Bundesweite Standortbestimmung und weitergehende Handlungsnotwendigkeiten 2014. Forschungsbericht. Unter: http://www.der-paritaetische.de/uploads/tx_pdforder/Expertise_final_web.pdf. (Zugriff am 5.3.2015)

Statistisches Bundesamt (2015): Familien mit minderjährigen Kindern nach Familienform Verfügbar unter:https://www.destatis.de/DE/ZahlenFakten/GesellschaftStaat/Bevoelkerung/HaushalteFamilien/Tabellen/FamilienKindern.html (Zugriff am 2.11.2015)

Wagner, P.: Kinder brauchen Bücher – und welche? 2003. Verfügbar unter: http://www.situationsansatz.de/files/texte%20ista/fachstelle%20kinderwelten/kiwe%20pdf/Wagner_Kinder_brauchen_Buecher.pdf (Zugriff am 2.11.2015)

Kinderbücher

Ballhaus, Verena/Huainigg, Franz-Joseph: Meine Füße sind der Rollstuhl. Betz, Wien/ München 2003

Damm, Antje: Frag mich. 118 Fragen an Kinder, um miteinander ins Gespräch zu kommen. Moritz Verlag, Frankfurt a. M. 2012

Damon, Emma: Gott, Allah, Buddha. Und woran glaubst du? Gabriel/Thienemann, Stuttgart/Wien 2002

Della, Nancy J./Rosentreter, Rina: Das Wort, das Bauchschmerzen macht. edition assemblage, Münster 2014

Hesselbarth, Susann: Hand in Hand die Welt begreifen. Ein Bildwörterbuch der Gebärdensprache. Klett Kinderbuch, Leipzig 2010

Jahnke-Oppold, Bianca: Mein schneller Papa: Es gibt viele Möglichkeiten schnell zu sein. Jahnke-Oppold Verlag, 2010

Lindgren, Astrid: Pippi Langstrumpf. Oetinger, Hamburg 2013

Müller, Birte: Planet Willi. Klett Kinderbuch, Leipzig 2012

Schindler, Regine: Helen lernt leben. Die Kindheit der taub-blinden Helen Keller. Kaufmann Verlag, Lahr 2002

Serres, Alain/Fronty, Aurélia: Ich bin ein Kind und ich habe Rechte. Reihe UNICEF. Nord-Süd Verlag, Zürich 2013

Beteiligte Einrichtungen

Europa-Kita Reichenberger Straße 156a, VAK e.V., Berlin

Ev. Kinder- und Familienzentrum Martinskirche, Ev. Kirchengemeinde Wangen, Stuttgart

Ev. Kinder- und Familienzentrum Stöckach, Ev. Gesamtkirchengemeinde Stuttgart, Stuttgart

Kinder- und Familienzentrum Arbergen, KiTA Bremen, Bremen

Kita Augustenburger Platz, INA.KINDER.GARTEN, Berlin

Kita Brittendorfer Weg 16, Eigenbetrieb Berlin Süd-West, Berlin

Kita Dresdener Straße, INA.KINDER.GARTEN, Berlin

Kita Fuchsturmweg/ Jena, Studierendenwerk Thüringen

Kita Hoppetosse, Kindergärten Nordost/Eigenbetrieb, Berlin

Kita Regenbogen, Kommunale Kindertagesstätten (KKJ), Jena

Städtische Kinderkrippe Trottengasse, Stadt Waldshut-Tiengen, Waldshut-Tiengen

Kita im tam (Berlin), Diakonisches Werk Berlin e. V, Berlin

Angaben zu den Autor_innen

Agel, Carla ist Elementarpädagogin (M.A.) 2012–2014 war sie Krippen-Erzieherin im INA-Kindergarten Augustenburger Platz. Seit 2014 ist sie als Leiterin einer Kindertagesstätte tätig. Ihre Schwerpunkte sind Kinder in den ersten drei Lebensjahren, kindliche Sprachentwicklung und Qualitätsentwicklung im Elementarbereich.

Akpınar, Beyhan ist seit 2005 Erzieherin und Sprachförderkraft im VAK e. V. Ihre Schwerpunkte sind Vorurteilsbewusste Bildung und Erziehung sowie die Arbeit mit Persona Dolls.

Ansari, Mahdokht ist Erziehungswissenschaftlerin (Diplom) und arbeitet seit 2000 fortlaufend als Mitarbeiterin und Praxisbegleiterin in verschiedenen Projekten der Fachstelle Kinderwelten/ISTA. 2011–2014 war sie Leiterin des Bereichs Fortbildung im Institut für den Situationsansatz und der Fachstelle Kinderwelten. 2004–2007 arbeitete sie als Lehrbeauftragte an der Freien Universität Berlin und an der Alice Salamon Hochschule Berlin. Tätigkeiten/Angebote: Fortbildungen, Beratung, Publikationen. Schwerpunkte: Inklusion und Vorurteilsbewusste Bildung und Erziehung, Zusammenarbeit mit Eltern, Sprachentwicklung und Mehrsprachigkeit.

Bauer, Karin ist Dipl. Sozialpädagogin (FH) und seit 1993 Leiterin der ev. inklusiven Kindertagesstätte »Kinder- und Familienzentrum« in Stuttgart, Multiplikatorin für Bildungs- und Lerngeschichten sowie Beraterin für EEC Children Centres. 2008–2011 arbeitete sie im Projekt »Zukunftsinitiative« evangelischer Tageseinrichtungen und war verantwortlich für das Teilprojekt »Tageseinrichtungen für Kinder entwickeln sich weiter zu Familienzentren«.

Becker, Jago ist Erzieher, Kindheitspädagoge (B.A.) und Sprachförderkraft (Offensive »Frühe Chancen«). Von 2010 bis heute ist er tätig bei INA-Kindergarten sowie seit 2012 als Sprachförderkraft im INA-Kindergarten Dresdener Straße.

Beutel, Petra ist Fachberaterin für Kitas beim FiPP e. V., Erzieherin sowie freiberufliche Fortbildnerin mit den Schwerpunkten Vorurteilsbewusste Bildung und Erziehung, Persona Dolls und interne Evaluation nach dem Berliner Bildungsprogramm. Außerdem ist sie freie Mitarbeiterin der Fachstelle Kinderwelten für Vorurteilsbewusste Bildung und Erziehung/ISTA.

Bordo Benavides, Olenka ist Sozialwissenschaftlerin und Pädagogin. Sie arbeitet als Autorin, Referentin und Fortbildnerin sowie als externe Evaluatorin zum Berliner Bildungsprogramm. Ihre Schwerpunkte sind u. a. Antidiskriminierung, Bildung, Care Work, (De)Kolonialität, Diversity, Entwicklung, frühkindliche Bildung, Identität, Medien und Kindheit, Mehrsprachigkeit, Migration, Partizipation, Selbstbestimmung, Transnationalität und Weltwissen. Sie ist im Bereich der Antidiskriminierungs- und Empowermentarbeit im Bildungsbereich aktiv tätig.

Çeçen, Nermin arbeitet seit 1989 in der Europakita VAK e. V. Seit 2005 ist sie als Vorschulerzieherin im VAK e. V. Oranienstraße tätig. Ihre Schwerpunkte sind naturwissenschaftliche Experimente, alltagsintegrierte Sprachförderung, Zusammenarbeit mit Eltern, Projektarbeit, Theater und Musik.

Ebner, Katharina absolvierte ein Studium der Bildungswissenschaften sowie den Master in Education. 2012–2014 war sie als Erzieherin in einer Berliner Kita tätig. Seit 2015 ist sie Leiterin einer Kita in Südtirol (Italien).

Görich, Alissa ist Kindheitspädagogin (M.A.). Seit 2013 ist sie Krippen-Erzieherin im INA-Kindergarten Augustenburger Platz. Ihre Schwerpunkte sind musikalische Früherziehung, ästhetische Bildung, Kinder in den ersten drei Lebensjahren und frühkindliche Sprachentwicklung.

Greffenius, Silvia ist Erzieherin in einem INA.KINDERGARTEN in Berlin und Facherzieherin für den Situationsansatz und für Integration. Sie arbeitet regelmäßig mir ihrer Persona Doll. Zurzeit versucht sie mit den Kindern im Sinne des Situationsansatzes eine neue Persönlichkeit für ihre Persona Doll zu erarbeiten.

Guthmann, Dagmar war 1974–1989 als Erzieherin tätig. Seit 1990 ist sie Leiterin einer städtischen Kita. Seit 1993 nahm die Kita an verschiedenen Bundesmodellprojekten teil, u. a. 2005–2007 Projekt Kinderwelten Teil 1: Vorurteilsbewusste Bildung und Erziehung in Kindertageseinrichtungen, anschließend Teil 2: Vielfalt respektieren, Ausgrenzung widerstehen.

Höhme, Evelyne ist Erziehungswissenschaftlerin (M. A.), Psychodramaleiterin und Multiplikatorin für den Situationsansatz. 2000–2003 arbeitete sie als Praxisbegleiterin im Projekt Kinderwelten/ISTA. 2001–2008 war sie Leiterin des Projektes »Demokratie leben in Kindergarten und Schule« in Eberswalde, anschließend tätig in der Aus-, Fort- und Weiterbildung. 2012–2014 war sie als Koordinatorin im »Projekt Inklusion in der Praxis von Kitas und Krippen« der Fachstelle Kinderwelten tätig. Tätigkeiten/Angebote: Fortbildungen, Beratung, Publikationen. Schwerpunkte: Inklusion und Vorurteilsbewusste Bildung und Erziehung, Partizipation, Zusammenarbeit mit Eltern, Multiplikator_innen-Weiterbildungen, Gewaltfreie Kommunikation.

Kächele, Antje ist Erzieherin und Inklusionsassistentin. Seit 1992 ist sie im Ev. Kinder- und Familienzentrum Martinskirche in Stuttgart tätig, das von 2005–2008 am Projekt Kinderwelten teilgenommen hat. 2009–2011 war sie Praxisbegleiterin im Projekt Kinderwelten.

Klatt, Patricia ist Erzieherin in Berlin. 1992–2010 war sie in der Kita Petersallee im Wedding tätig. Seit 2010 arbeitet sie in der Kita Hoppetosse in Rummelsburg.

Kleymann, Eva ist Erzieherin, stellvertretende Leiterin im Kinder-und Familienzentrum Arbergen/KiTa-Bremen, Bezugspädagogin in der offenen Arbeit und Sprachförderkraft. Schwerpunkte ihrer Arbeit sind: Inklusion und Vorurteilsbewusste Bildung und Erziehung sowie die Moderation von Elterngesprächskreisen.

Koné, Gabriele ist Dipl. Sozialarbeiterin/-pädagogin, Social Justice Trainerin, Mediatorin, Evaluatorin für die externe Evaluation, »Insofern erfahrene Fachkraft für Kinderschutz« sowie freie Mitarbeiterin der Fachstelle Kinderwelten/ISTA. Ihre Schwerpunkte sind Vorurteilsbewusste Bildung und Erziehung, Kinderbücher/Bücherkisten der Fachstelle Kinderwelten, Migration, Mehrsprachigkeit, Anti-Rassismus und Anti-Ziganismus, Critical Whiteness, Zusammenarbeit mit Eltern, Umgang mit Konflikten und Kinderschutz.

Krause, Anke ist Erziehungswissenschaftlerin/Dipl.-Päd. Von 2003-2010 war sie Projektkoordinatorin in den Kinderwelten-Projekten sowie 2001-2009 Koordinatorin und Aktivistin im Europäischen Netzwerk DECET. 2011–2012 arbeitete sie als Projektkoordinatorin bei der RAA Brandenburg »Kita Inklusiv«, 2012–2014 als Koordinatorin im Projekt »Inklusion in der Praxis von Kitas und Krippen« der Fachstelle Kinderwelten/ISTA. Tätigkeiten/

Angebote: Fortbildungen, Beratung, Vorträge, Publikationen. Ihre Schwerpunkte sind Inklusion und Vorurteilsbewusste Bildung und Erziehung, Inklusive Interaktion mit Kindern, Persona Dolls, Zusammenarbeit mit Eltern, Multiplikator_innen-Weiterbildungen und Gewaltfreie Kommunikation.

Lindemann, Ulla ist Diplom-Psychologin, Erzieherin, Expertin für Qualität im Situationsansatz, Multiplikatorin für Vorurteilsbewusste Bildung und Erziehung sowie Multiplikatorin für das Berliner Bildungsprogramm. Seit 2003 ist sie als freie Mitarbeiterin und Praxisbegleiterin für die Fachstelle Kinderwelten/ISTA tätig. 2012–2014 arbeitete sie als Koordinatorin im Projekt »Inklusion in der Praxis von Krippen und Kitas« der Fachstelle Kinderwelten. Tätigkeiten/Angebote: Qualitätsentwicklung in Kindertagesstätten (Interne und externe Evaluationen zum Berliner Bildungsprogramm), Fortbildungen, vorurteilsbewusste Kinderliteratur.

Richter, Sandra ist Frühpädagogin (B.A.) und in der Fachstelle Kinderwelten/ISTA als Leitungsassistentin sowie als freiberufliche Referentin und Autorin tätig. Zudem begleitet sie Teams bei der internen Evaluation und führt externe Evaluationen zum Berliner Bildungsprogramm durch. Ihre Themenschwerpunkte sind Vorurteilsbewusste Bildung und Erziehung, Inklusion, Rassismus/Anti-Rassismus-Arbeit, kritische Weißseinsforschung, Partizipation und Adultismus.

Schäfstoß, Silvia ist stellvertretende Einrichtungsleitung des Ev. Kinder-und Familienzentrum Stöckach und seit 2008 im Projekt Kinderwelten aktiv.

Schlodowitzki, Nicole ist seit 2009 als Erzieherin in einer städtischen Kita tätig. Sie ist Sprachförderkraft und heilerzieherische Förderkraft für Kinder mit Entwicklungsrückständen. Eine Qualifizierung zur Multiplikatorin für die Arbeit mit Kindern mit Migrationshintergrund absolvierte sie 2011–2012. Seit 2014 absolviert sie ein berufsbegleitendes Studium zur Heilpädagogin.

Schütt, Maria ist Erzieherin, Facherzieherin für Integration und Spezialistin für die Gestaltung von Bildungsprozessen im INA-Kindergarten. Seit 2008 ist sie Erzieherin im INA-Kindergarten Augustenburger Platz und arbeitet dort seit 2010 in der Krippe. Den Prozess hin zur offenen Arbeit in der Krippe gestaltete sie mit.

Wagner, Ilka ist Erzieherin und Kitaleiterin. 1989–2015 war sie Erzieherin im VAK e. V., seit 2015 ist sie dort Leiterin. Ihre Schwerpunkte sind Vorurteilsbewusste Bildung und Erziehung, Arbeit mit Persona Dolls, Zwei-und Mehrsprachigkeit sowie die Zusammenarbeit mit Eltern. Außerdem ist sie als freie Mitarbeiterin der Fachstelle Kinderwelten/ISTA im Bereich vorurteilsbewusste Kinderbücher tätig.

Wagner, Petra ist Diplom-Pädagogin (Erziehungswissenschaften mit Schwerpunkt Interkulturelle Bildung an der FU Berlin). Ab 1979 in Projekten zur interkulturellen und bilingualen (türkisch-deutschen) Erziehung im Elementar- und Grundschulbereich tätig. 1993–1998 Wissenschaftliche Mitarbeiterin am Institut für Grundschulpädagogik der FU Berlin. Mitbegründerin und seit 2000 Leitung der Kinderwelten-Projekte für Vorurteilsbewusste Bildung und Erziehung im Institut für den Situationsansatz ISTA/INA Berlin gGmbH. Seit 2011 ist sie Direktorin des ISTA.

Walter-Ludwig, Rebecca ist Multiplikatorin für den Ansatz der Vorurteilsbewussten Bildung und Erziehung, dialogische Qualitätsentwicklerin, Erzieherin und langjährige Kitaleiterin bei der Stadt Waldshut-Tiengen.

Wolfrum, Sonja ist Diplom-Pädagogin. 2012–2015 war sie zunächst als Erzieherin sowie später als stellvertretende Leiterin in einer Berliner Kita tätig und Teilnehmerin des Projekts »Inklusion in der Praxis von Krippen und Kitas« Sie ist Multiplikatorin für den Ansatz der Vorurteilsbewussten Bildung und Erziehung und seit Ende 2015 als Koordinatorin im ESF-Bundesmodellprojekt »Quereinstieg – Männer und Frauen in Kitas« tätig.

Wolter, Berit Multiplikatorin für den Ansatz Vorurteilsbewusster Bildung und Erziehung, seit 2015 als Mitarbeiterin im Bereich »KiDs – Kinder vor Diskriminierung schützen! Beratung und Kampagnen« der Fachstelle Kinderwelten/ISTA und als freie Referentin tätig. Zuvor war sie Projektassistentin im Projekt »Inklusive Schulentwicklung in der Grundschule« der Fachstelle Kinderwelten (2013–2014) sowie Mitarbeiterin im Projekt »x-mal anders. x-mal gleich. Inklusive Kinderrechtsbildung in Gemeinwesen und Schule« der Bürgerstiftung Barnim-Uckermark (2013–2014). Ihre Schwerpunkte sind: Vorurteilsbewusste Bildung und Erziehung, Geschlechterreflektierende Frühpädagogik, Vielfalt der Familienformen, Aufklärungsarbeit zu geschlechtlicher und sexueller Vielfalt und geschlechterreflektierender Rechtsextremismusprävention.

Abbildungsverzeichnis

Schlagwortverzeichnis

Was mit Kindern,

abgekürzt **wamiki**, heißt unser Verlag.

Wir entwickeln, produzieren und vertreiben

wamiki – Das pädagogische Fachmagazin in Print, Digital und als Extra...
Ausstellungen – Interaktive Lernwerkstätten zu Themen und Methoden...
Fachmedien – Ideen und Projekte als Heft, Buch, Poster, Film...
Materialien – Zeugs zum Spielen und Lernen...

Sinnlich, spielerisch und frech.

Unser Onlineshop ist geöffnet:
wamiki.de/shop

Telefon der Redaktion:
030 / 48 09 65 36

Wir freuen uns auf
Deinen Besuch/Anruf.

wamiki.de